日経文庫
NIKKEI BUNKO

カリスマ経営者の名著を読む

高野研一

日本経済新聞出版社

まえがき

コルトレーンのジャズ、志ん朝の落語、ダ・ビンチの絵画などのように、何度鑑賞しても飽きの来ない名演・名作があります。いや、飽きないどころか、鑑賞する度に新たな発見が生まれてくるのです。カリスマ経営者が書いた著書にも、そうした奥の深さがあります。

第三者が書いたカリスマ経営者に関する本は多々ありますが、カリスマ自身が書いた本はそれほど多くはありません。しかし、そこには経験した人だけが書くことのできる卓越した経営に関する知見が書き綴られているのです。

本書では、こうしたカリスマ経営者の貴重な名著を紹介しています。ソニーの井深大氏やホンダの本田宗一郎氏、パナソニックの松下幸之助氏など、すでに神格化されている経営者から、京セラの稲盛和夫氏、コマツの坂根正弘氏のように最近まで第一線で活躍していた経営者、日産のカルロス・ゴーン氏やファーストリテイリングの柳井正氏のような現役の経営者まで、幅広く取り上げています。

また、日本企業の経営者だけでなく、ヒューレット・パッカードのデービッド・パッカード氏や、ウォルマートのサム・ウォルトン氏、ヴァージングループのリチャード・ブランソン氏など、海外のカリスマ経営者で、その著書が邦訳されている人も紹介しています。

その一方で、花王の丸田芳郎氏やソフトバンクの孫正義氏のように、第三者が書いた本はあるものの、本人による著作がないため、残念ながら取り上げられなかった名経営者もいます。

優れた経営者には、ひとつのことを様々な角度から見ることができるという共通の特長があります。そこから、卓越したモノの見方が生まれてきています。カリスマ経営者の著書というと、何か成功の秘訣でも書かれているのではないかと期待する人もいるかもしれませんが、そうではありません。カリスマをカリスマたらしめているのは、秘訣やノウハウなどではなく、自由自在なモノの見方であるといっていいでしょう。「もし井深さんが今いたら、何をやるだろうか」。こんなことを考えてみたくなるところに、カリスマたるゆえんがあるのです。

本書の中では、こうしたカリスマ経営者ならではのモノの見方や、そのカリスマ性が発揮された経営判断の場面を題材として取り上げ、エクササイズに仕立てています。それに取り組みながら、優れた経営者の自由自在なモノの見方を鑑賞していただければ幸いです。また、本書を読むだけでなく、ぜひ原典にもあたって、その奥深さを直接体感してください。

高野　研一

2016年5月

カリスマ経営者の名著を読む――〔目次〕

Ⅱ　本田宗一郎　ざっくばらん――41

V

Ⅵ　坂根正弘　ダントツ経営　145

Ⅶ デービッド・パッカード　HPウェイ

Ⅷ

I

井深大

井深大 自由闊達にして愉快なる

1962年12月に、井深氏が日本経済新聞に寄稿した「私の履歴書」を中心に構成されている。時代を凌駕した発想の持ち主であった井深が各時代に残した言葉や軌跡を多面的に知るうえで、優れた名著といえる。日本経済新聞出版社から2012年刊行。

井深　大（いぶか・まさる）

1908年生まれ。33年に早稲田大学理工学部を卒業し、45年には東京通信研究所（現在のソニー株式会社）を設立。代表取締役に就任する。トランジスターラジオ、トリニトロンテレビ、ベータマックスなどの画期的製品を世に送り出し、日本の経済発展、文化的向上に貢献。92年11月には、企業人としては珍しい文化勲章を受章。97年12月に逝去。

軍需の仕事がイノベーションにつながった

この『井深大　自由闊達にして愉快なる』は、ソニーの創業者のひとりである井深大氏が、昭和37年（1962年）12月に日本経済新聞に寄稿した「私の履歴書」を中心に構成されています。それに加えて第2部には、日本経済新聞社特別編集委員（当時）の森一夫氏が著した「その後の井深大」が掲載され、ちょうど20世紀の終わりごろまでの井深の姿がカバーされています。また、巻末には1951年から92年までの「井深大語録」、ソニーの前身である東京通信工業株式会社の「設立趣意書」、井深大個人年表が載せられています。井深自身の言葉で語られた独自の哲学や、周囲の人の目に映った井深の姿、各時代時代に井深が残した言葉などを多面的に知る上で、優れた名著といえるでしょう。

「もし井深さんがいまいたら、何をやるだろうか。聞いてみたい」。この本の第2部の取材のために、森が話を聞いた多くのソニー関係者が、異口同音にこう述べたといいます。それほどまでに井深の発想は時代を超越しており、それが多くの人が憧れる「世界のソニー」を築き上げたことは、疑いようのない事実といえるでしょう。こうした井深の発想の原点にあったものは何なのか、ここではそれに迫ってみたいと思います。

井深は子供のころから無線に興味を持ち、当時まだ世の中に出たばかりの真空管を購入してはラジオの試験放送を聴いたり、増幅器を組み立てて大学でコンサートを開いたりしていました。そうした実践に裏打ちされた知見は就職してからも生かされ、次第に井深は軍需関係の仕事に関わるようになっていきました。そこで当時海軍中尉に任官したばかりの盛田昭夫氏と出会っています。

軍需関係の仕事がその後の民間でのイノベーションにつながっていくケースは、世界的に見ても少なくありません。インテルなどの半導体関連の企業が集積するシリコンバレーでは、大陸間弾道ミサイルのミニットマンの開発が、トランジスターやIC回路の開発を促進したことは間違いない事実でしょう。また、クアルコムが拠点を置くサンディエゴも、米国海軍の基地があり、軍需関係の企業が集積するイノベーションセンターになっています。

イスラエルで無線通信や暗号の分野のベンチャー企業が雨後の筍のように立ち上がっているのも、軍の存在が大きいといえます。イスラエルの軍は、一部の領域を除き、軍の研究者が民間に転職して同じ分野の研究を続けることを止めていません。このため、軍発の技術が民需に転用され、様々なイノベーションを生み出す世界的センターになっているのです。

「やればなんだってできるのだ」

井深は、軍需関係の仕事に就きながらも、それを応用して、何か大衆に直結した商品をつくってみたいと考えていました。井深は社会人になって間もないころ、アングラ研究としてネオンをつくってパリの博覧会に出品するなど、常に社会にインパクトを与えることを考えていました。当時所属していたＰＣＬ（Photo Chemical Laboratory）という研究所の所長であった植村泰二氏は、日本のためになる仕事なら、直接会社の事業とは関係のない研究でも大目に見てくれたようです。「新しい技術の発見は国家的にもプラスであり、人類の進歩のためにも不可欠の要件である」。植村がこうした深いモノの見方ができる人であったことが、井深の発想の広がりに大きな影響を与えたことは疑いないでしょう。

また井深は、仕事の上でひとつのイデオロギーを持っていたといいます。当時、電気と機械ははっきりと研究分野が分かれており、電気屋はなんでも電気的に、機械屋はすべて機械で解決しようとしがちであったといいます。しかし、井深は「その中間をうまく縫って両方の特徴を生かした仕事をしよう」という着想を持っていたのです。つまり、異なる分野の技術の擦り合わせにこそ、新たな価値が生まれるポテンシャルが存在することを発見したのです。

こうした井深の発想が、はじめて世の中にインパクトを与える商品として結実したのがテープレコーダーでした。テープレコーダーは当時の日本でははじめてのものであり、世界でもテープとテープレコーダーの両方をつくっている会社は例がありませんでした。井深はこれについて次のように語っています。

> このテープをこしらえ上げたことがわれわれにとっては「やればなんだってできるのだ」という大きな自信を与えてくれることになり、後にトランジスターをやるときにもたいへんな力となったのである。

どんな材料を使えば音声を記録できるのか、手がかりの乏しい中から井深たちはやっとのことで蓚酸鉄《しゅうさんてつ》にたどり着きます。また、最初は「ザーザー」という音しか出ない中で、何度も機械のチューニングを繰り返し、ようやくのことで思いのままの音を録音・再生できるようになったときは、皆で手を取り合ってうれし泣きに泣いたといいます。国家的に意味のあることをやる、電気と機械の擦り合わせが新たな価値を生み出すといった、井深の着想があってこその快挙であったと思います。

5％の合格率で実生産に踏み切る

世の中にはじめての商品を送り出すということは、新しい技術を創造するというだけに留まらず、新たな用途を生み出すことをも意味しています。誰もがはじめて見る商品であっただけに、定価16万円（現在でいうと120万円くらい）というお金を払っていったい何に使うのかという問いに対して、なかなか答えが得られなかったのです。パイオニアになるということは、ありとあらゆる問題に答えを求められるということです。それでは、ここであなたにも、この新たな用途について考えてみてもらいましょう。

●Exercise●

井深たちは戦後間もない1950年にテープレコーダーを発売しましたが、当時の定価16万円という値段で、最初に見出した用途はいったい何だったのでしょうか？

井深たちは、単に商品を世に出しただけでは売れず、自ら用途を生み出していかなければならないことに気づきました。そこで、できたばかりのテープレコーダーをかついで方々を回り、やっとのことで発見したのが、裁判所での記録用途でした。無事20台を納入し、何とか一息つくことができたといいます。

その後、井深たちは小学校の視聴覚教育にターゲットを定め、トランク型の8万円のテープレコーダーを開発しました。これが見事に功を奏し、3年ぐらいの間に日本の小学校の3分の1以上に納入することに成功しています。

テープレコーダーに次いで井深たちが打ち立てた金字塔が、トランジスターラジオです。しかし、ここでも大きな困難が井深たちを待ち受けていました。多くの人から「ラジオ用のトランジスターは製作不可能に近いほど難しい」と忠告され、井深自身も何度も中止しようと思い悩むことになりました。しかし、「難しいからこそわれわれがやる価値があるのだ」と自らに言い聞かせつつ、開発に取り組み続けました。
そして、歩留まりが5％になったとき、ラジオの実生産に踏み切ったといいます。1００個製造して5個しか合格しない状態で商業生産に移ったわけですから、相当なリスクを取った判断であることが分かります。しかし、井深は大きなリスクを取っても、世界で一番乗りになることを目指したのです。一見無謀なチャレンジに見えるかもしれませんが、井深は後で振り返ってみて、それが正解であったことを次のように語っています。

世界で2番になれるのは当然である。あたりまえの企業家だったらこんなむちゃな計画は立てるわけがない。

もしあの時、アメリカでものになってからとか、欧州の様子をみてからこれに従ってなどと考えていたとしたら日本が年間5００億円の輸出をするトランジスターラジオ王国になっていたかどうかははなはだ疑わしく、したがって今日のソニーもありえなかっただろうし、この無謀ははなはだ貴重な無謀だったと考えている。

ここでも、国家的に意味のあることをやる、異なる分野の技術の擦り合わせが価値を生むという井深の発想が、大きな成果につながったことはいうまでもないでしょう。もちろん、歩留まり5％ということは、価格が相当高くなることを意味します。そこで、井深たちは、また新たな用途を探す必要性に直面しました。そこで発見したのが米国市場でした。

当時高価なトランジスタラジオを買える消費者は米国にいると判断したのです。そこで、井深の相棒であった盛田が米国に飛び、販路を開拓することになりました。盛田はその後ソニー・コーポレーション・オブ・アメリカを設立し、自らが社長に就任するとともに、家族を連れて米国に移住しています。

後にサムスン電子が、ターゲットとした国に自社の社員を送り込み、現地の人たちと同じ生活をさせながら、地域の目利きを育成する「地域専門家制度」を立ち上げています。サムスンは1990年ごろから地域専門家の育成に着手し、それが新興国での事業展開を成功させる原動力になりました。ソニーはそれに30年先駆けて、元祖地域専門家としての盛田を米国に送り込んでいたことになります。「世界のソニー」はこうした発想力から生まれたといえるでしょう。

激化する競争、つかの間の成功

井深たちはさらに一歩進んで、「ポケットに入るラジオ」というコンセプトを打ち出していきました。トランジスターをいちばんよく生かす方法は、小型のラジオをつくることだと考えたわけです。躊躇《ちゅうちょ》する部品メーカーを口説き落として、いちはやく小型化を推し進めていきました。「大きなラジオでさえ高くて国内ではなかなか売れないのに、これを小さくしたらもっと金を取りにくくなる」というのが当時の営業の声だったようです。

しかし、意に反して、この「ポケットに入るラジオ」は、家庭のラジオから個人のラジオへという革命を引き起こし、全世界へ50万台以上も売れていきました。ここでも井深たちは新しい用途を自らつくり出したのでした。井深は後にこう語っています。

技術革新の本当のものというのは、世の中に革命を与えて、新しいものを生み出し、産業というものをこしらえてやってゆくので、そうしたら所得倍増なんていうケチ臭いことをいう必要はないいんじゃないか。

しかし、成功したのもつかの間、ソニーの快挙を見て、国内メーカーが続々と後に続いてきました。井深が「世界で2番になれるのは当然である」と述べていたように、どんなに難しい技術でも、誰かが実現したということが分かれば、急にできるような気分になるのが人の世の常ということなのでしょう。約1年半か2年ほどの間にライバルたちが次々と参入し、トランジスターラジオの安売り競争が始まり、値段はみるみる下落していきました。後に井深はこう述べています。

新しいマーケットを開拓する努力をせず、他人の築いたマーケットにわり込み、ただ値段をくずすだけしか能がないという典型的日本商法をいやというほど知らされた。

もちろん、井深はこうした市場競争に、負の側面ばかりを見ていたわけではありません。これによって日本が世界最大のトランジスター生産国になったことをポジティブに受け止めています。国家的に意味のあることをやろうとする心意気がここにも表れています。

また、競争を切り抜けるために、短波用、超短波用（FM用）のトランジスターを次々と開発していきました。それによって、これまた世界最初のトランジスター短波受信機、FM受信機を出すことができ、ついにはトランジスターテレビにまで発展していきました。井深は「過当競争も日本にはよい刺激剤と考えるべきかもしれない」と語っています。

本書で取り上げる10名のカリスマ経営者のいずれにも共通することですが、優れた経営者には、ひとつのことを様々な角度から見ることができるという共通の特長があります。このため、このときの井深のように、一見ネガティブに見えることも、より大きな視点に立って、ポジティブに解釈する場面がたびたび出てきます。モノの見方を自由自在に変える力が、「自由闊達にして愉快なる」生き様を可能にしたといえるでしょう。

ライバルの裏をかく

さて、ソニーがこれほどまでに多くの消費者から愛着を持たれるブランドになったのは、井深たちが単に新しい商品を次々と世に送り出したからに留まらず、われわれのライフスタイルを塗り替えてきたことに一番の理由があるでしょう。井深は新しい技術を単に科学的発見として見ていたのではなく、それがわれわれの生活を変える可能性を見ようとしていたのでした。まさに自由闊達なモノの見方といえるでしょう。

例えば、1952年に、米国でテープ式のステレオを聞き、その音のよさ、リアリティにすっかり度肝を抜かれます。そして、帰国すると早速、高級テープレコーダーを改造して、1本のテープに左右わずかに異なった2つの音を記録できるようにし、これを別々の増幅器を使い、別々のスピーカーから出せるようにしました。その音を聞いた人は誰もがその音のリアリティに驚いたといいます。そして、NHKを動かして、日本初のステレオ放送を実現させました。夜中の1時の放送だったにもかかわらず、その音に感動した投書が日本全国から60通も寄せられたといいます。


また、井深たちはトランジスターを応用して、マイクロテレビも世に送り出し、世界中の注目を集めることに成功しています。当初米国のマーケターたちは、8インチの小型テレビなんて絶対に売れないと公言していたといいます。しかし、5インチのブラウン管を試作してみると、意外に明るくよい絵が出たので、井深はこれに意を強くし、8インチのトランジスターテレビの開発に着手します。

井深はトランジスターラジオのときにライバルが間髪をいれずに追尾してきたことを思

い返し、今度はその裏をかく作戦に出ました。秘密が漏れやすいのはブラウン管用ガラスの委託先だと考え、既存のガラス会社に依頼するのをやめ、自前で技術開発を行い、それを電気工業にまったく縁のなかったガラス会社につくらせたのです。

こうして商品化されたマイクロテレビは、天皇陛下の目にもとまることとなりました。両陛下がご見学の際に身を乗り出すようにして小さなテレビの絵をご覧になられたときのことを、井深は「終生忘れることのできない感激」と語っています。

わずか半年での量産化を宣言

世界中の消費者のライフスタイルを変えたソニーの画期的商品として、1968年に発売したトリニトロン・カラーテレビが挙げられます。トリニトロンとは、三位一体を意味するトリニティが語源になっており、1本の電子銃から3本の電子ビームを出力する方式です。コントラストの高い画像を出すことが可能で、画面の明るさや、優れた解像度で一躍世界中から脚光を浴びました。井深自身も「その歩みの中でも全精力を注ぎ込み、忘れ得ぬ思い出のひとつにトリニトロン・カラーテレビの開発がある」と述べています。

しかし、その開発はトランジスターラジオの開発時と同様に、困難を極めました。当時カラーテレビでは、米国のＲＣＡが開発したシャドーマスク方式が先行していましたが、井深たちはクロマトロンからトリニトロンへと困難な道をあえて選んだのです。というのは、当時のシャドーマスク方式は画面の輝度が低いため、カーテンを閉めないときれいに色が出ないという弱点があったからです。井深は、「人々が夕飯を食べながら見られる明るいカラーテレビをつくろうじゃないか」と、ここでもライフスタイルを変えることを目標に掲げます。

設立趣意書の「会社創立の目的」の中に、「日本再建、文化向上に対する、技術面・生産面よりの活発なる活動」「戦時中、各方面に非常に進歩したる技術の国民生活内への即時応用」とあるように、井深たちは日本の再建、文化的向上、国民生活の進歩を目指していたのです。

しかし、クロマトロン方式は原理的には優れていても、実用化には困難を極めました。井深は「最終的には時間、人材、資金、技術を次々と注ぎ込み、製品をつくればつくるほど損失が多くなるという最悪の状態にまで追い込まれてしまった。私たちは、このクロマトロンと心中してもどうにもならぬ、という非常に苦しい立場に置かれていた」と語っています。

そうした中で、水平方式に替えて、1本の電子銃で3本の電子ビームを出してみてはどうかというアイデアが出てきました。当初はどうせダメだろうけど、ダメだというデータを取っておこうということで実験に移されたようです。ところが意外にもいい結果が得られ、これがトリニトロン方式への扉を開けることになりました。井深は、何事も頭だけで理屈をこねて「できません」というのを嫌ったそうです。経験を重ねながら、ダメでもともとの精神で、まずやってみようという姿勢が、ソニーの社風になっていきました。

1968年4月、井深たちはトリニトロン・カラーテレビを発表します。美しい画面に多くの記者たちが感銘を受け、大好評のうちに終わろうとしたとき、井深は「発売は今年10月中、年内に1万台の量産を行う」とぶち上げます。トランジスターラジオのときと同様に、ここでもまた大きなリスクを取って商業生産に入っていったのです。発表のためにやっと試作機を10台つくったばかりなのに、半年で量産体制を整えるのは無茶もいいところだったといいます。しかし、すぐに2番手が追随してくることが想定される中で、パイオニアとして世の中のライフスタイルを変えるということは、こうしたリスクと常に背中合わせであるということなのでしょう。

数値より感性を重視

こうしたチャレンジに立ち向かい続ける中で、井深は次のような独自の組織観を持つに至っています。

どんな人が参加するかでその成否が決まる。しかもそのグループに本気になってやってもらうには、組織を作りそこに人を当てはめるのは大きな誤りで、人に合う組織を作る。人間が主で組織は従である。あくまで人が中心だ。

つまり、高い目標にチャレンジし、それを実現できる人たちだけが集まり、本気で仕事に取り組む少数精鋭の集団であるべきという考え方です。自ら起草した設立趣意書にも、「経営規模としては、むしろ小なるを望み、大経営企業の大経営なるがために進み得ざる分野に、技術の進路と経営活動を期する」とあります。井深は何万人もの社員を抱える大企業を、ひとつもうらやましいとは思わなかったといいます。ただソニーの人たちが、東京通信工業が始まったときの、７人の人たちが持っていたような気持ちを持ち続けてほしいと考えていたのです。

また、井深は人の持つ感性を重視し、それを安易に数値に置き換えようとすることを嫌っていたといいます。それは次の井深の言葉によく表れています。

「勘です。感性ですよ。私はそんなに頭がよくないから、理屈を理解してその理屈の上に立ってどうこうと判断しない。……日本の教育は知性ばかりで、感性というものを育てようとしない。感性を育てる教育をぜひ進めるべきだと、心からそう思いますね」

井深のデジタル嫌いは有名だったようで、感覚的、情緒的なものをパターンとして認識する直観的な思考を重視していたといいます。井深は周波数特性を計測して音を分析するより、音楽を聴いて耳を頼りに開発すればよいではないかという考え方を持っていたのです。

ＮＨＫの放送科学基礎研究所所長から井深がソニーにヘッドハントした中島平太郎氏が、

このアナログ対デジタルの哲学論争で井深と意見を戦わせた話が出てきますが、中島によれば、それは「芸術」と「科学」の対立だったといいます。つまり、自分の過去の成功体験や感情論に根ざしたものではなく、純粋にオーディオ技術のあり方を巡る哲学のぶつかり合いだったのです。

井深は自分自身で楽器を演奏したわけではありませんが、音楽を聴くことにかけては人後に落ちない才能を発揮したようです。それだけに、井深の主張は芸術家顔負けだったといいます。

芸術と技術の交点に立つ

こうした音へのこだわりが、音楽の聴き方を変えた「ウォークマン」の誕生へとつながっていきました。井深は名誉会長になってからも海外出張が多く、ポータブル型のステレオ録音機を携帯して飛行機の中で音楽を楽しんでいました。ある日、出張前に大賀典雄氏に「再生専用でいいから小型のものをつくってくれないか」と頼んだことが、ウォークマンの試作機へとつながります。井深は当時会長の盛田に試聴を勧め、「歩きながら聴けるステレオのカセットプレーヤーがあったらいいと思うんだが」と持ちかけました。

このときも、技術や営業の現場は「再生だけのテープレコーダーが売れるのか」と反対したそうですが、70歳の井深と58歳の盛田が押し切る形で「ウォークマン」が誕生しました。そして、屋外で音楽を楽しむという新しいライフスタイルを創出することに成功したのです。スティーブ・ジョブズがそうであったように、井深も芸術と技術の交点に立つことができた人といえるでしょう。それが新しいライフスタイルを生み出す力へとつながっていったのです。

井深は84歳で、企業人としては極めて珍しい文化勲章を受章しました。文化功労者に選ばれたことは井深にとって大きな喜びだったようです。井深はそのときの思いをこう表現しています。

「いささか僭越ではありますけれども、このように、ソニーが全く新しい商品を世の中に送り出すことによって、新しい文化をつくり上げたと言ってもよいかと思います」

芸術と技術の交点をめぐる井深の思索は、晩年になってもいささかも衰えるところを知らなかったといいます。出井伸之氏が社長のころ、「ソニーのパラダイムシフト」というテーマで、マネジャークラスによる研究会をやったときの話が出てきます。井深はそのテーマがものすごく気に入って、朝から楽しみにして聴きに来たようです。

ところが、サラリーマンが集まってパラダイムシフトの話をしても、現状の改善程度の議論にしかならないのを見て、井深は出井を「ちょっと来い」と呼び出したそうです。それから「お前はパラダイムシフトの意味が分かっているのか。言ってみろ」と、散々に怒られた話が書かれています。それではここで、もうひとつエクササイズを出しましょう。

●Exercise●

井深が考えるパラダイムシフトとは、どのようなものだったのでしょうか？

井深はソニーの社内報の中で「モノと心が表裏一体であるという自然の姿を考慮に入れることが近代科学のパラダイムを打ち破る一番のキーだと思う」と述べています。つまり、東京通信工業の立ち上げ以来、自分たちが立脚してきた近代科学の根底にある思想そのものを打ち破ることを考えていたことになります。そうした意味でのパラダイムシフトこそが、人間の心を満足させ、21世紀に通用するソニーを創っていくことにつながると考えていたのです。

いま、グーグルの登場などにより、近代科学の知見の多くは、検索可能な公共財になっています。その一方で、検索が容易ではない、人の心の中を目利きする力が、ビジネスにおいて価値を持つようになっています。その結果、ハードウェアをつくる技術の相対的な優位性が低下し、ハードやソフト、コンテンツやデータベースを組み合わせて、人に喜びを与えるサービスの価値が高まってきています。井深の視線は、こうした21世紀に向けられたものであったことが分かります。

21世紀は意識革命の時代

こうした背景から、井深は東洋医学や気功、果てはスプーン曲げや透視などの超能力にも関心を持ち、若手社員の提案を受けて1992年にはＥＳＰＥＲ研究室を立ち上げました。電気と機械の交点に20世紀のイノベーションの源泉を見出した井深は、今度は科学が語ることのできない領域に、21世紀のイノベーションの源泉を見出そうとしていたのかもしれません。
最後に、1989～91年にかけての井深語録を紹介して、この章を閉じたいと思います。これらの語録から、井深の発想力は、21世紀においてもまだ新しさを失っていないことが分かるでしょう。

「21世紀は精神が評価される時代だという人もいます。……これからは、人間対人間の問題が今までよりも一層厳しく評価される時代になってくるような気がします」

「21世紀になったら人間とか愛情とかいうものがますます重要なファクターになってくると思うので、自分自身に磨きをかけ、人との関係を大切にするよう心がけていく必要があるだろうと思いますね」

「この次はいったい何でしょうか。ソフトウエア、意識、心というものが占める産業が要求される時代が来るといわれています。それは、今すぐ来るか、10年後か、21世紀か分かりませんが、これは意識革命と呼ばれています」

「日本の教育は、モノの教育だけに集中してきたと言っても過言ではないでしょう。では、いったいいつ心を育てるのか、いつから始めればいいのか、それは私にとっての命題です」

Ⅱ

本田宗一郎
ざっくばらん

本田氏がざっくばらんに自分の思うところを書き綴った書。内容は多岐にわたり、本田の関心の広さがうかがえる。「技術も哲学の結晶だ」という著者の哲学が詰まった一冊。ＰＨＰ研究所から、２００８年刊行。

本田宗一郎（ほんだ・そういちろう）

1906年生まれ。小学校を卒業後、アート商会（東京・自動車修理工場）に入社。28年にのれん分けをして、浜松アート商会を設立。46年、本田技術研究所、48年本田技研工業（株）を設立。オートバイ「スーパーカブ」などを次々に開発。73年に社長を退任し、取締役最高顧問となる。89年、日本人として初めてアメリカの自動車殿堂（AHF）入り。91年、84歳で逝去。

本田とジョブズの意外な接点

この本は、本田技研工業（ホンダ）の創業者である本田宗一郎氏が、文字通りざっくばらんに自分の思うところを書き綴った書です。その内容は、「国民性論」「新デザイン学」「美と個性」「島国根性」「文化人論」など多岐にわたり、本田の関心の広さがうかがえます。

その中で、本田が最初のテーマとして挙げたのは、やはり「技術とは」でした。その中には、本田の「技術屋」に関する考え方が鮮明に表れています。

そこに触れる前に、あなたにも「本田にとって技術屋とは何か」について考えてもらいましょう。

●Exercise●

本田は、技術よりも上に位置づけられるべきものがあると言っています。それは何でしょうか？

また、職人と技術屋は違うとも言っています。その違いについて考えてみてください。

考えはまとまったでしょうか。この問いの回答になる本田語録を以下に紹介します。

職人とか技術屋とかいうが、人間に必要だから貴いんで、もし何の役にも立たないものだとしたら何の価値もない。そういうことを考えると、技術のうえに何かありそうな気がする。やはり人間を本当に理解するのが技術の根本原則で、人間を本当に考えない技術は技術でも何でもない。

職人と技術屋の違いはどこにあるのだろうか。それは、学校を出た出ないじゃなくて、一つのものがあると、過去を大事にして、それぱっかりにつかまっている人が職人だ。同じ過去でも、それに新しい理論を積み重ねて、日々前進する人が技術屋だ。

つまり、技術屋とは、人間を深く理解するとともに、絶えず新しいモノの見方を見出していく人であると考えていることが分かります。人間というものは、他人よりもモノを知っていたり、学歴が高いと、ついついそれにこだわりすぎるところがあります。その結果、知識を持っていること自体が目的になってしまったり、そこに縛られて、それ以外のモノの見方ができなくなってしまったりすることがあります。

本田は自分が学校に行っていないことを看板にしているとのことで、「技術屋＝知識人」というモノの見方を絶対視していません。むしろ、「人間を本当に理解するのが技術の根本原則」という異なる角度から世界を見ています。新しい技術や理論が人間にどのような意味をもたらすのか、そこにこだわっているのです。

この発言は、スティーブ・ジョブズの次の発言と相通じるところがあります。

「コンピュータに何ができるかではなく、クリエイティブな人はコンピュータを使って何をするかが重要だ」

ジョブズはエンジニアではありません。大学時代はリード・カレッジでリベラルアーツを勉強しています。リベラルアーツとは「人を自由にする学問」という意味を持ち、文法学・修辞学・論理学・算術・幾何学・天文学・音楽より構成されています。それも、最後まで履修したわけではなく、中退しています。それが、本田と同じように「技術屋＝知識人」というモノの見方に縛られなかった理由ではないでしょうか。そして、そのことがパソコンの新しい可能性を誰よりも先に発見することにつながったのです。

本嫌いだった理由

本田は本を読むのが嫌いだといいます。知識人はともすると知らないことに出会うと、知らないこと自体を恥と感じ、まず本を読んで知識を吸収しようとします。しかし、本田はそんな非効率なことをしなくても、その道の専門家に聞いた方が早いと考えます。実際、本田は本書の中で自分の長所を「ざっくばらんに人に聞くことができること」と記しています。

しかし、本田が人から知恵を引き出すことができるのは、単に学歴がないため、知らないことを恥ずかしく感じないというだけに留まりません。本田の書いた本を読めば分かるように、いい論点を選ぶ力がその背景にはあるのです。本田は、人が行動を起こす場合には、いい論点に気づくことが先決条件であるといいます。

技術があれば、何でも解決できるわけではない。技術以前に気づくということが必要になる。

いい論点とは、そこで解が見えれば意味のある効果が生まれるもので、かつ多くの人のイマジネーションを喚起するような論点のことを指します。

「コンピュータを感覚的に操作できるようにすれば、クリエイティブな人たちに新たな体験を提供できるのではないか。そのために技術をどう活用すればいいのか?」

これがジョブズが気づいた論点です。そこから、ゼロックスの研究所ですでに開発されていた、グラフィック・ユーザー・インターフェースの発見へとつながっていったのです。

専門家の知恵を引き出すためには、単に分からないことを質問すればいいというものではありません。いい論点を提起してはじめて、相手の好奇心を喚起し、イマジネーションを広げ、インパクトのある解決策をたぐり寄せることが可能になります。本田はこう言っています。

日本にはいくらも技術屋はいるがなかなか（問題を）解決できない。（それは）気づかないからだ。

本田のこの言葉は、いまの時代にもそのまま当てはまるかもしれません。日本には多くの技術者がいるにもかかわらず、ジョブズやジェフ・ベゾス（アマゾン・ドット・コム創業者で、元金融機関のアナリスト）など、純粋なエンジニアではない人たちに、様々な領域で先行を許してしまっています。本田に言わせれば、「それは気づかないからだ」ということになるでしょう。

いまの時代は1社だけで解決できる問題などなくなってきています。問題の大きさが企業の器を超えてしまったのです。このため、エコシステム（勝ち組企業連合）を形成して問題解決に当たることが世界の常識になってきています。オープンイノベーションです。そこでは、本田の言うように、いい論点を提起し、社外の人たちに聞いて回る能力が求められます。いい論点を示せば、それに関心を持つ人たちはたいてい会ってくれるでしょう。このため、いい論点に気づく人は、人脈と知識が勝手に広がっていくのです。

ところが日本企業を見ていると、頭のいい技術者になればなるほど、社外の人たちに聞くということをしていません。「その前に本を読んで、まず自分が知識を吸収してからでないと恥ずかしい」というモードに入り込んでしまうのです。「技術屋＝知識人」というモノの見方が壁になっていることが分かるでしょう。

失敗のないビジネスはつまらない

それではどうすればいい論点に気づくようになれるのでしょうか。本田の言葉の中にヒントがあります。

> 人生は見たり、聞いたり、試したりの三つの知恵でまとまっているが、その中でいちばん大切なのは試したりであると僕は思う。

つまり、仮説の検証です。「これが顧客にとっての価値につながるのではないか」「こうすれば生産性が2倍になるのではないか」。こうした仮説を立てて検証することで、顧客の内面や、生産プロセス、原価構造に関する理解が深まっていきます。それを通じて、いい論点を見抜く目利き能力が養われていくのです。実際、本田がトップだったころのホンダは、1社だけでモーターショーが開けるほどの数のオートバイを試作し、検証していたといいます。

その一方で、本田は「世の中の技術屋というものは、見たり聞いたりが多くて、試したりがほとんどない」とも言っています。それでは、ここであなたにもう一問考えてもらいましょう。

●Exercise●

本田は、「世の中の技術屋は、見たり聞いたりが多くて、試したりがほとんどない」と言っています。なぜ世の中の技術屋は「試したり」を重視しないのか考えてみてください。

これに関して、本田は次のような考え方を述べています。

> 失敗と成功はうらはらになっている。喜びと悲しみが同居しているように、成功と失敗は同居している。それだけに、失敗の回数に比例して、成功しているということもいえる。みんな失敗を厭《いと》うもんだから成功のチャンスも少ない。

「技術屋＝人間を理解する人」というモノの見方に立てば、喜びと悲しみが同居する人生のように、成功と失敗も同居しているというふうに世界が見えます。もちろん失敗することは楽しいことではありませんが、そこから新しい発見がある。悲しみがない人生がつまらないのと同じです。

これに対して、「技術屋＝知識人」というモノの見方に立つと、失敗は自分が「知らない」ことの証であり、技術屋失格という烙印を押されかねません。このため、検証自体を回避し、失敗のない「見たり聞いたり」に終始することになってしまいます。これでは新しい発見など期待できません。ジョブズが「Stay foolish（愚かであれ）」と言っているのは、ここに理由があるように感じられます。

技術屋にこそ「思想」が必要だ

本田は技術屋にとっての「思想」についても熱く語っています。思想のようなものは文系の学生が語ることであって、技術屋は技術のことだけを考えていればいいと感じる人もいるかもしれませんが、本田はそうしたモノの見方を真っ向から否定しています。

技術屋には思想なんか必要ない、と思う人があるかも知れないが、とんでもないことである。……技術そのものは、テクニックだから、たいしたことはない。技術の前提条件である思想さえちゃんとまとまっていればいい。……技術がすべてを解決するとカン違いしたんじゃ、何でもありで、おっかなくて仕様がない。技術はよくも悪くも使える。

それでは、本田にとっての思想とは何を意味するのでしょうか。ここであなたにも少し時間をとって考えてもらいましょう。

●Exercise●

本田は、思想は技術の前提条件であり、思想さえまとまっていればそれでいいと述べています。本田のいう思想とは何かについて考えてみてください。

解答に行く前に、少し話が飛ぶことをお許しください。本田は商品開発において、どのくらいの値段で、どういうタイプの製品をつくったらいいか、アンケートを取るといったやり方がまかり通っているのを苦々しく感じていました。

自分の立てた仮説が本当に大衆に受け入れられたのかどうか、アンケートを取って検証するというのなら意味があります。しかし、これから生まれてくる商品に関して、何の仮説もなくアンケートを取って聞くのはおかしいと思っていたのです。

「物をつくることの専門家が、なぜシロウトの大衆に聞かなければならないのだろうか」

シロウトが知っていることは過去のことであって、まだ起こってもいない未来について検証に値する仮説が出てくることを期待することはできません。仮説は自分で立てる必要があるのです。大衆の意表を突く仮説を立てることが、発明や発見につながります。つまり、調査ではなく仮説が大切なのです。

ここでも、本田とジョブズの意見は一致しています。ジョブズは「顧客が何を望むかでなく、何を望むようになるかを考える」ことが重要だと述べています。一方で本田は、「新しいものをつくるときにアンケートを取るから、総花的なものになり、他のメーカーの後追いばかりすることになる」と、ホンダに追随しようとする他社の動きをたしなめています。

よそのメーカーがアンケートを取れば、（ホンダの）ドリームみたいなスタイルがいいと出るに決まっている。案の定、うちとそっくりな角型がふえてきた。パイプフレームでもいいのに、無理にプレスフレームに似せたものまである。僕の場合は、パイプだと細工が多くなって重くなり、性能が悪くなるからパイプフレームにしない（プレスにした）だけのことだ。だからそこだけを真似たんじゃ、生産量が違うんだから償却（固定費）もケタ違いになる。うちの真似をしていたんじゃ、商売にならない。各自コストに見合うところで工夫するのが、本当のメーカーといえる。

市場構造・事業構造・収益構造のリンケージを捉える

本田は、製品のデザインが、性能、顧客の受け止め方、販売量、製造プロセス、原価構造にどのような影響を及ぼすのかを立体的に理解していたことが分かります。プレスフレームにすれば性能は上がり、いまの時期ならカッコよく見え、多少の販売量の増加にはつながるかもしれません。しかし、ホンダのドリームが圧倒的ポジションを奪ってしまった後で真似をしても、大した販売量の増加にはつながらないでしょう。その一方で、製造プロセスは設備が重くなり、固定費はアップします。生産量が少ない中で、赤字になるに決まっているというわけです。

優れた経営者には、このように市場構造・事業構造・収益構造のリンケージを立体的に捉え、シミュレーションする能力があります。それに基づき、自社の身の丈に合ったターゲット顧客、製品デザイン、性能、販売量、製造プロセス、原価構造の最適バランスを選択できるのです。

これが思想を持つということです。思想があってはじめて、永続する事業を生み出し、顧客や社会に貢献することができます。思想なしに技術だけで商品をつくっても、資源を浪費するだけで、社会の役には立たないのです。

つまり、本田にとって技術屋とは、単に設計図面を引く人ではなく、経営者であることが求められているのです。図面の背後に、ターゲット顧客の喜怒哀楽や、市場におけるポジショニング、製造プロセスや収益構造が浮かび上がる人だけが技術屋と呼ぶに値するのです。

一流といわれる自動車メーカーが、向こう（海外のライセンサー）から図面をもらってつくっている。ところがその図面をつくるのには強烈な思想が要るということを置き忘れて、図面通りつくるのが技術屋だと誤解している。

他社の後追いをしているだけでは、「強烈な思想」は持てません。ジョブズが言うように、「顧客が何を望むかでなく、何を望むようになるかを考える」くらいの視座に立つ必要があります。

結局、冒頭で紹介した、「人間を本当に理解するのが技術の根本原則」という考え方に帰着することになるわけです。

肝心の人間を忘れては、すべて成り立たない。……人の心に棲むことによって、人もこう思うだろう、そうすればこういうものをつくれば喜んでくれるだろうし、売れるだろうということ（アイデア）が出てくる。……だから人間を知らない技術屋、人間勉強をしない技術屋は危ない。本当の技術屋ではない。

デザインは流行だといったが、流行の心理というものは人真似をする心理、あの人がやったから私もやるという心理である。人間には独創性と模倣性があり、独創性は字の通り新しい物を創ることであり、模倣性は流行を生むというわけである。そこでわれわれにとって大衆の模倣性はいけないことかといえば、そうではない。模倣性のお蔭で、工場は長い間同じものをつくっていられる。これが独創性だけを要求されたら、採算を無視して、しょっちゅう型を変えなければならなくなる。……商品のデザインは、大衆のもっている模倣性をみきわめながら、独創性を少しずつ押し出す、というキワドイところで進められているわけである。

人間を深く洞察した思想を持つ上で、本田は「観察」が重要であると述べています。

最近、うちの工場をみにくる人が多くなった。ところが大半が見学組で、観学組は案外少ない。人数、組織や機械数などを聞く人はまず見学組とみて間違いない。ところが、そんなことには無関心で、この機械をどうしてここに配置したのか、自社製の機械をなぜつくるのかといった質問を出す人は観学組だ。

単に「見る」のではなく、「観る」ことが大切だというのです。つまり、工場で働く人や機械など、目の前にあるものをただ見ている人と、その背後にある製造プロセスや原価構造をイメージしながら「観ている人」の間には、長い間に雲泥の差が生まれるということです。これが観察の持つ力です。

本田自身、見学に来る人の質問を聞きながら、その人がどのように世界を見ているのかを「観ている」といっていいでしょう。これが本田に、人間を深く洞察した思想を持つことを可能にしたのです。

本田流・生産プロセスの神髄

この本を読んでいて強く感じるのは、本田が自由なモノの見方を持っていたということです。それが様々なところで遺憾なく発揮されています。次のくだりは本田が生産プロセスのあり方について、独自の考え方を述べているものです。いまのセル型生産を先取りしているようで面白い内容です。

現在の日本では、何でもかんでもコンベア化して得意になっているのが多い。人間が手渡した方が早いものもあるのに、そんなことはお構いなしだ。アメリカで必要に迫られてやったことを、生産量もケタ外れに少ない日本が高い資本を投下し、工場のスペースを狭くしてまで猿まねをしている。そして、ますます儲からなくしている。だから、うちはコンベアを外してしまった。ドリームを一日二百台つくるのに、手で二百回動かすだけで、たいした時間ではない。

動かすということは時間が必要だ。機械の実働時間は実際に粉を出しているときで、そのほかのときは、たとえ機械が動いていても、ただ置いてあるだけだ。機械の目的は削ることにあるのだから、送る時間と動く時間をなくして、四方八方から一ぺんに囲んでやった方がいい。また加工される部品にしても、ラインの中に機械が五十台あれば、最低五十個は載せなければならない。これを方々から一ぺんにやれる機械でやるとすれば、一個ですむことになる。こういう機械が随所にあれば、何億円という部品のための流動資産が浮くことになる。

どこか一カ所故障を起すと全部止まってしまう。調整時間をマイナスして、正味を計算すると、機械が大がかりなうえに能率が悪いということになる。僕はいずれ世界的に、トランスファーマシン（コンベア）の反省期に入るとみている。

また、海外の市場や国民性についても深い洞察を展開しています。ドイツについては、その寒さと国民性を考えると、オートバイの需要は四輪を買えない層に留まり、結果的に所得水準の向上に伴って、オートバイは四輪に置き換えられていくと予想しています。

しかし一方で、米国人は豪華な四輪でも味わえないような感覚をオートバイに求めている。このため、自動車は自動車として乗り、レクリエーション的にオートバイに乗るという使い分けが行われている、ということを理解していたのです。

当時、日本人はオートバイを通勤とか商売にしか使っていなかったので、ドイツ同様に四輪が増えてくればオートバイは減るだろうという考え方に陥りがちでした。しかし、本田はその考え方に左右されず、米国には成長ポテンシャルがあることを見抜いて米国市場をターゲットにしました。いまでいうところのセグメンテーションとポジショニングです。

人の心を捉える仕掛け

こうしたマーケティングの発想は、新しい事業領域への参入においても発揮されます。ホンダが新しい耕運機を商品化したときの話です。オートバイの技術を横展開して新しいものをつくろうとしたわけですが、当時のホンダの技術者たちは、マニア向けのオートバイと同じ発想で、ハンドルの締めを自分で調節できるように設計しようとしていました。

これに対して本田は反対しました。「マニアは、自分でいじくり回してアイデアを入れるようになっていないと承知しないが、農業用の実用機械までそんなだったとしたら、使う方がたまらない。もっと用途を考えろ」とカミナリを落としたわけです。

つまり、顧客の心に入り込むことをせずに、自分にとっていいと思う製品をつくっても、人の役には立てないということです。「哲学のないところに技術屋もなければ企業もない。人間を動かすスパナは哲学である」。

「人間を本当に理解するのが技術の根本原則」と述べているだけあって、本田の洞察は人間の生き様にも及びます。オイルショックのころ、巷では日本は人間が多すぎるから失業問題が深刻だといわれていました。しかし、そうした世の中の常識に対して、本田は違った角度から世界を見ていたのです。

「人間がたくさん住んでいれば、それだけ欲望の種類も多いわけで、それに応じた職業が無限にあるということにはならないだろうか」

つまり、同じ現象を見ていても、その解釈の仕方はひとつではありません。モノの見方を変えれば、見えてくる答えも違ってくるのです。本田はこう言います。「僕はどんなに大きな失敗をしても、大地をふんまえてグッと立ち上がるような明るい解釈をするようにしている」。

本田は23～24歳のときから長唄を習ったり、小太鼓をたたいたり、さんざん道楽をしてきたようです。親戚や友人たちからは、「儲けたら無駄遣いせずに貯めておけ」と忠告されたのですが、放蕩癖があるために片っ端から使ってしまったそうです。しかし、こうした道楽や遊びをしたからこそ、デザインのセンスが身についたといいます。デザインとは人の心を捉えるものだから、道楽した人でなければ人の心に触れることは難しいということです。

次の記述は、デザインの美しさに共鳴する人の心を、本田がリアルに捉えていたことをうかがわせます。

たとえば、仏像のいわゆる眉から鼻にかける線のすばらしさ。あれだけの線は、僕の知っている範囲では外国にもないようだ。ドリームのタンクにあるエッジは、あの線を頭に描きながらデザインした。ベンリイの方は、一見したところドリームに似たデザインだが、多くの人に親しみやすくするために、六甲山の麓《ふもと》の数寄屋《すきや》造りの民家のような軽い感じにしてある。

自動車のデザインは目で見る交響楽でなければいけない。トロンボーン一つが高い音を出しても、オーケストラのバランスがくずれるのと同じように、タイヤとかハンドルとかそれらの一つ一つを、全体のバランスをくずさずに処理していかなければならない。しかも、バランスをとりながら、それぞれに主張をしていかなければならない。

ここからは、ジョブズがアルファベットの字体のデザインにこだわったような熱意が伝わってきます。こうでなければ、マニアの心をつかむことは難しかったでしょう。

経営者は「思想」を語れ

「欧州断想」という章には、本田が20日ほどかけて、フランス、ドイツを回ってきた話が出てきます。当時パリで開催された機械工具博覧会を見に行くことが目的でした。機械工具博覧会というと、新しい機械を見に行ったようなイメージを持ってしまいがちですが、本田はそうではないといいます。

機械は単なる1個のモノではなくて、技術屋の思想そのものをズバリ反映している。それをさらに突き詰めていくと、それを生産している会社の生産方式や経営のやり方までが、ハッキリした形で浮かび上がってくる。そうした業界の底流を探る上で、世界一流の機械が一堂に集まる博覧会は、絶好の場なのだ、と考えたのです。

本田はこうした目的で先進国であるヨーロッパや米国を回っては、日本へ帰ってきてから社員に話を聞かせました。しかし、そこでは技術の話をしたことがないといいます。本田が話して聞かせたことは、技術の基礎になっている「思想」だったのです。

思想さえシッカリしていれば、技術そのものはそう難しいものではない。そのことをつかむのがトップの役目ではないかと思う。

ホンダには十一年の歴史しかないが、ヨーロッパには長い歴史の積み上げがある。今度の渡欧の目的を手っ取り早くいえば、機械を通しての世界の市場調査に出掛けたということになる。

その一方で、本田が海外に出て行っては新しい機械をたくさん買い入れてくることから、ホンダの財政は逼迫《ひっぱく》していきます。当時ホンダの財務を一手に仕切っていたのは、本田の生涯のパートナーであった藤沢武夫氏です。昭和28〜29年ごろは、藤沢が寝汗をかくほど緊迫した状態にあったといいます。

同業者からは「身の程知らずに機械なんか買い込んで」と言われたようですが、本田はここでも世の中のモノの見方とは違った角度から自分たちの苦境を観ていました。

あのころの、外貨というものは、ウイスキーや高級車の輸入にばかり使われていて、基本産業にはほとんど使われていなかった。ウイスキーは飲んでしまえばなくなるが、機械は飲むわけにはいかない（なくならない）。ホンダがつぶれれば迷惑をかけるが、機械は迷惑をかけない。むしろ国家的にみても利益になる。

つまり、ホンダという一企業の財政ではなく、日本という国の技術発展を支える基盤のあり方を考えていたということなのです。こうした視座から世界を観ているため、本田の発想は世間の常識を超越しています。「専務（藤沢）が寝汗もかかずにノウハウとしておれるぐらいにしか機械を買っていなければ、現在のホンダは存在しなかったともいえる」。ここまで考えるのが、本田のいう「技術屋」の真骨頂なのでしょう。

「真理だけが充満していなければならぬ」

常に新しいモノの見方を試し、真理を探究しながら、人にとって役に立つことを目指した技術屋・本田宗一郎。しかし、われわれはともすると易きに流され、固定観念にとらわれ、真理が見えなくなってしまうことが少なくありません。その結果、自分のための活動に終始してしまいがちになります。そんなわれわれに対する助言として、本田の熱い思いが集約された次の言葉を紹介して、この章を閉じることにしましょう。

科学技術というものは、権力にも経済的な圧力にも屈してはいけないものである。ガリレオが「それでも地球は回っている」とつぶやいたように、権力をもった者が、どんなに真理を否定しても、真理は真理として残る。真理は一見冷たい。しかしその真理を押し通すところに、熱い人間の面目《めんぼく》がある。工場には、その冷たい真理だけがある。真理だけが充満していなければならぬ。

III

稲盛和夫

アメーバ経営

稲盛氏が、みずから生み出した「アメーバ経営」に関して執筆。いかにすれば社員一人一人にオーナーシップを持たせることができるのか経営者が直面する永遠のテーマについて取り組んだ名著。日本経済新聞出版社から2006年刊行、2010年に文庫化。

稲盛和夫（いなもり・かずお）
1932年生まれ。59年、京都セラミック株式会社（現京セラ）を設立。社長、会長を経て、97年より名誉会長を務める。84年には第二電電（現KDDI）を設立、2001年より最高顧問となる。2010年、日本航空（JAL）会長に就任、15年4月より名誉顧問に。1984年には私財を投じ、稲盛財団を設立。若手経営者のための経営塾「盛和塾」の塾長として、後進の育成にも力を入れる。

単なる経営手法ではない

本書は、京セラの創業者である稲盛和夫氏が、自ら編み出した「アメーバ経営」について記述した本です。「ひとりひとりの社員が主役」という副題がついているとおり、いかにすれば社員にオーナーシップを持たせることができるのか、個人のやりたいことと、組織全体の利益との調和を図ることができるのかといった、経営者が直面する永遠のテーマに取り組んだ名著といえます。

表紙をめくると、稲盛自身の言葉で、「企業経営に心血を注いで五十余年――。人間のあり方、リーダーのあり方、経営のあり方を学び、アメーバ経営を創り出すことができました」と書かれています。ここから分かるのは、稲盛にとってアメーバ経営とは、単なる経営手法ではなく、人や会社をつくるための哲学にまで昇華されたものであるということです。

稲盛は鹿児島大学工学部を卒業した後、京都の碍子メーカー・松風工業に入社しました。そこで当時新しい分野であったニューセラミックスについて研究し、その事業化に成功しました。ところが、上司が代わり、新しく就任した研究部長と意見が合わず、7名の同志とともに現在の京セラ（当時・京都セラミック）を創業する決断をしました。

その当時、稲盛には創業資金を捻出する余裕も、事業経営の経験もありませんでした。しかし、幸いにも稲盛たちの試みに期待を寄せ、資金を支援してくれる人たちに恵まれました。特に、宮木電機の専務であった西枝一江氏は、「あなたは考え方がしっかりしていて、見所があると思ったのでお金を出したのです。あなたの技術を出資とみなして、あなたにも株を持ってもらいます」と、オーナー経営者としての道を歩ませてくれました。

こうして、信頼できる仲間たちと、稲盛に期待を寄せる出資者を得て、京セラはパートナーシップを基礎とした会社として船出したのです。これが後に稲盛がたどり着いた「ひとりひとりの社員が主役」という経営哲学に大きな影響を与えたことは間違いないでしょう。経営者と労働者という関係ではなく、同じ目的のために努力を惜しまない同志が集まり、真の仲間意識が生まれる姿を追求したのです。

稲盛は、人の心というのは非常に移ろいやすいものでありながら、ひとたび結ばれると世の中でこれくらい強固なものはないと言います。アメーバ経営は、こうした人の心がつながりあって、あたかもひとつの意志の下、すべてが調和しているように機能する状態を理想としています。「全従業員の物心両面の幸福を追求すると同時に、人類、社会の進歩発展に貢献すること」という京セラの経営理念の中には、アメーバ経営がゴールとする姿が鮮明に描き出されています。

京セラは当初28名の社員でスタートしましたが、すぐに事業は急成長を始め、5年もしないうちに100名を超え、やがて300名まで増えていきました。そのころから、稲盛ひとりで開発から製造、販売のすべてを切り回していくことが難しくなっていきます。そんなとき、稲盛の頭の中に、会社を20～30名の小集団に分けてみたらどうだろうかというアイデアが湧いてきたのです。

さらに稲盛は、どうせ小集団に分けるのであれば、それぞれの組織を独立採算制にできないだろうかと考えました。各組織にリーダーを置き、小さな町工場として経営していける状態を追求したのです。その際、会計知識を持たない人でも分かるように、損益計算書に工夫を凝らし、「時間当たり採算表」を作成しました。これが後にアメーバ経営の核になっていく京セラ会計の始まりです。

稲盛が捨て去った常識

京セラ会計は、「売上を最大に、経費を最小にすれば、その差である付加価値は最大になる」という、至極あたりまえの原則に基づいた事業評価の「ものさし」であるわけですが、現実のビジネスでは、このシンプルな原則が往々にして忘れ去られがちになります。

メーカーであれば営業利益率5％、流通業であれば数％もあればいいといった業界の常識に基づき、実績がそれを満たせばそこで満足してしまいます。しかし、「売上を最大に、経費を最小にする」という原則からすれば、利益はいくらでも増やすことができると稲盛は考えます。モノの見方次第で、利益拡大のポテンシャルが見えたり、見えなかったりするということです。

あるいは、収益性だけを問う株主の声に押されて、本来減らしてはいけない研究開発費を削って将来の売上ポテンシャルを失ってしまったり、本来は削らなければいけない無駄な固定費を、過去のしがらみにとらわれて高止まりしたまま放置し、成長投資のための原資となるべき利益を失ったりしてしまうことがよくあります。

経営を預かるリーダーが最も注意しなければならないのは、こうした「業界の常識」「株主のプレッシャー」「過去のしがらみ」といったものに安易に流され、シンプルな経営の原則を忘れて、本末転倒な打ち手に飛びついてしまうことです。そうして、せっかく目の前にある成長のチャンスを見失ってしまうのです。こうした状態を避けるために、経営の原則を分かりやすく伝えるのが京セラ会計なのです。

稲盛は、「私は経営に無知であったがゆえに、いわゆる常識というものを持ち合わせていなかったので、何を判断するにも、物事を本質から考えなければならなかった」と言います。そこから、経営における判断は、世間でいう筋の通ったこと、つまり「人間として何が正しいのか」ということに基づいて行わなければならないという結論にたどり着きます。それは、公平、公正、正義、勇気、誠実、忍耐、努力、親切、思いやり、謙虚、博愛といった言葉で表されるもので、世界に通用する普遍的な価値観であると稲盛は考えます。

そうした物事の本質に沿って考えを進めていった結果として、「この採算表であれば容易に理解できるから、すべての従業員が経営に参加することができる。つまり、リーダーを育てると同時に、経営に関心を持ち、経営者マインドを持った従業員を社内に増やしていくことができる」という考えにたどり着きます。こうして、京セラ会計は、「ひとりひとりの社員が主役」という稲盛の民主的な理念を実現するための手段になっていったのです。

あるアメーバの赤字脱却に関わった若い女性はこう言います。「赤字から立ち直るまで、ずいぶんと苦しい思いをしましたが、みんなで励まし合いながら、改善プロジェクトに取り組んできました。メンバーの知恵を集め、周りの人たちの協力があってはじめて目標は達成されます。その協力関係を支えるのは、互いに信じ合える人間関係です」。これにはさすがの稲盛も、「まるで経営者のような」と舌を巻いています。

誰でも採算が分かる仕組みを用意

アメーバのリーダーには、経営計画、実績管理、労務管理、資材発注まで各アメーバの経営全般が任されます。アメーバという小さな単位であっても、それを経営するとなれば収支計算をしなければならず、最低限の会計知識は必要になります。それが出資者に対して説明責任を果たすということです。ところが、当時の京セラにはそうしたことができる人材が不足していました。そこで、特別な知識を持っていなくても、アメーバの採算が誰にでも分かる仕組みを用意したのです。

アメーバ経営の下では、各アメーバがあたかも個々の企業であるかのように社内売買を行います。そして、収入と経費の差額である付加価値を算出し、それを総労働時間で割って、1時間当たりの付加価値を計算します。これを1時間当たりの平均賃金と比較するのです。付加価値が賃金を上回っていれば、そのアメーバは出資者に対して利益をもたらしていることになります。

市場価格が大幅に下がれば、それがアメーバ間の社内売買の価格にもすぐさま反映されます。このため、市場に接しているアメーバだけでなく、川上にいるアメーバまでもが、すぐに経費の削減に取り組まなければなりません。市場のダイナミズムが、社内の隅々にまでダイレクトに伝えられ、会社全体が市場の変化に反応することになります。

買い手のアメーバは売買である限り、必要な品質を満たしていなければ、たとえ社内のものであっても買いません。定められた基準を満たさない仕掛品は後工程に流れていかないようになっているのです。それどころか、より低価格で高い品質の部材を提供するサプライヤーがいれば、社外から買うことも認められています。

このため、アメーバ間の値決めは京セラにおいて最も重要なものになります。そこでは公正・公平な判断が求められるのです。通常この役割を担うのは、買い手と売り手のアメーバの上に立つ上級管理職です。彼らには、労働の価値に対する見識が求められます。この電子機器を販売するには粗利が何%必要になるとか、この仕事をするアルバイトの時給はいくらかとか、この作業の外注コストはどのぐらいかといった知見が必要になるのです。そうでなければ売り手と買い手のアメーバを納得させることはできません。

付加価値の高いハイテク製品の場合、そこに関わる工程は高度な技術を必要とするものが多く、時間当たり付加価値は高くなります。しかし、その中に単純作業を行うアメーバが混じっていることもあり、そのアメーバにまで高い売値を認めると、努力をしなくても儲かってしまうことになります。その一方で、高い技術力を要しながらも、先行投資がかさむために不採算になっているアメーバもあります。

こうした仕事や事業の特性を深く理解した経営者が、世間相場を勘案しながら、アメーバ間の値決めを行っていくのです。市場における神の見えざる手を人間が担おうとするわけですから、そこには高い見識と公正さが求められることになります。アメーバ経営では、こうした公の立場に立って、広い視野からモノの価値を判断する機会が多くのリーダーに与えられます。それが経営者を育成する訓練の場になっているのです。

リーダーは人格者であれ

もちろん、アメーバ経営も万能ではなく、アメーバ同士のエゴが前面に出て、喧嘩になってしまうことも多いことを稲盛は認めています。アメーバのリーダーは自部門の採算に責任を持ちながら売値を調整しているため、採算が悪化するような値下げを容易には受け入れることができないからです。リーダーが部下のためを思って自部門の採算をよくしようとすることが、アメーバ間の火種になるのです。

しかし、稲盛は「個として自部門を守ると同時に、立場の違いを超えて、より高い次元で物事を考え、判断することができる経営哲学、フィロソフィを備える必要がある」と言います。ここでいうフィロソフィとは、「人間として何が正しいのか」を判断する力のことです。アメーバ経営は、こうしたフィロソフィをベースにして、はじめて利害の対立を克服し、正常に機能するといいます。

このため、京セラでは公平、公正、正義、勇気、誠実、忍耐、努力、親切、思いやり、謙虚、博愛といった価値観を大切にしています。そして稲盛は、リーダーはすべてにおいて人格者でなければならないと断言します。しかし、人間は誰しもが完全ではなく、弱い側面を持っています。稲盛はこうした人間の弱さと、アメーバ経営の中でリーダーに求められる優れた人格との折り合いをどうつけているのでしょうか。

●Exercise●

リーダーも人間であるからには万能ではありません。非現実的なほど高い倫理を求めすぎるのは、かえって問題を生むという意見があります。一方で稲盛は、リーダーはすべてにおいて人格者でなければならないと言い切っています。あなたは両者の立場にどう折り合いをつけますか?

リーダーが利己に走るのは、上司や周囲から責められることを恐れて結果を取り繕おうとするからです。人間は弱い生き物であるがゆえに、真実から目をそらし、自分に都合のいい解釈をしてごまかそうとします。しかし、稲盛は、それではリーダーとしての真の勇気を持っているとはいえないと考えます。

人格者とは、うまくいかなかったとき、正直に認めることができる人のことをいいます。

自分の至らないところを認めるのは、精神的に難しいことではありますが、能力的に非現実的なことではありません。むしろ、人間の弱さを隠れ蓑にして、利己を貫こうとするところに、稲盛は危うさを感じています。それが組織の調和を乱す原因になるからです。

公平、公正、正義、勇気、誠実、忍耐、努力、親切、思いやり、謙虚、博愛といった理念は、実は高い技能がなくても、人として正しいことを理解する力さえあれば行動として発揮できます。しかし、人間は知識や能力の不足を隠そうとするあまり、公正さや誠実さを欠いた行動を取ってしまいます。稲盛はそうした人間の弱さを正当化することを許さず、リーダーには自分の弱さを認める勇気を求めているのです。

その一方で、エゴを抑えるということは、単純に相手の言うことを受け入れるということでもありません。たとえ相手のアメーバのことを思いやっていても、自部門の採算を下げることが許されるわけではないのです。それでは出資者の期待に応えることにはなりません。本当に会社のためを思うなら、「普通なら利益が出ないと思われるこの値段でも、何とか採算をあげてみせよう」と、人一倍の努力をする必要があるといいます。いままでにない徹底した原価低減を行う覚悟、自らがすさまじい努力を払う覚悟を持って譲歩するというのが、本当の利他行動であると稲盛は考えているのです。

このため、事業全体に責任を持つリーダーが、顧客から値下げを受け入れるのであれば、交渉の前から、どのようにして原価を下げ、利益を確保するのかについて考えておくことが求められます。そして、絶対にできるという確信を持って注文を受けるとともに、製造に対しても「こうすればいままで以上の採算があげられるはずだ」と訴え、協力を取り付ける必要があるといいます。こうしたリーダーがいることによって、各アメーバが運命共同体として機能するようになり、会社全体があたかもひとつの生命体のような存在になっていくのです。

数字の背後に見える社員のがんばり

本書の中では、稲盛自身が開発した京セラ会計のメカニズムについてくわしく説明が行われています。普通の管理会計システムを用いる企業では、製造部門は目標とする原価を与えられ、その範囲内で生産計画を達成すれば評価されます。このため、原価低減努力はしているものの、自ら利益を生み出すという意識は生まれてきません。その結果、「最大限どこまで利益を増やせるのか」といった問いが立てられることは通常はありません。また、生産計画を達成してさえいれば、仮に市場の需要が急減し、在庫が積み上がっていても、自分の責任とは感じないような仕組みになっています。

これに対してアメーバ経営では、下流工程との間で取引が発生するため、原価を下げた分がそのまま利益として認識されます。このため、どうすればもっと抜本的に利益を増やせるのかが論点になるのです。また、市場での需要が急減すれば、それが川上のアメーバにも瞬時に伝わるため、売れない在庫の生産をすぐにでも止めなければいけないという意識が芽生えます。このため、普通の管理会計システムを採用する企業と比べて、従業員の採算意識に雲泥の差が生じるといいます。

稲盛は出張に行くときには、必ず各部門の時間当たり採算表をカバンに入れて持ち歩き、時間があればそれを眺めていました。すると、経費の動きなどから、その部門の責任者や部下が、何を考えどう動いているのかが手に取るように分かるようになったといいます。稲盛は時間当たり採算表の背後に、各アメーバに属するひとりひとりの社員が、創意工夫によってそれらの数字をいかに伸ばしてきたのかを観ていたのです。これは、本田宗一郎氏がオートバイのデザインの背後に、ユーザーの喜怒哀楽や工場の生産プロセスを観ていたのと似たところがあります。

人件費はコストではない

京セラ会計では、各アメーバがいくらで仕入れていくらで売ったのか、その過程でどれだけの付加価値をつけたのか、そのために、どれだけの経費を使ったのかが細部にわたって日々明らかになっていきます。そして、そこで生まれた付加価値を一時間当たりに引きなおし、時間当たり採算を算出します。

ここで、時間当たり付加価値の計算の中には、人件費は含まれていません。人はコストというよりも、付加価値を生み出す源泉と考えているからです。このため、「利益を出すためにどうやって人件費を削るか」ということは論点にならず、「自分たちがもらっている給与を上回る付加価値を出すには何をすべきか」が議論の対象になります。

仮にある部署の1時間当たり労務費が3600円かかっているとすれば、1分当たり60円、1秒当たり1円の労務費が発生していることになります。このため、それを上回る時間当たり付加価値、例えば1時間当たり6000円を出すために何をすべきかが問われるのです。それができてはじめて、出資者に対して利益を還元できるのです。

現場の指標に「時間」という概念を持ち込むことによって、社員ひとりひとりに時間の大切さを自覚させ、仕事の生産性を高める効果があります。そして、全社員が各部門や全社の経営状況を正しく理解できるようになることで、経営への参画意識が高まり、「ひとりひとりの社員が主役」という理念を実現できるのです。

京セラ会計の下では、常に無駄な経費をなくすことが論点になります。最新鋭の設備を導入すれば見た目の生産性は向上しますが、売上が追いつかなかった場合、機械の稼働率が下がり、結果的に固定費の上昇や付加価値の低下につながることがあります。一度上がった固定費を下げるのは容易ではないため、社員は常に慎重な投資判断を求められることになります。

また、アメーバ経営では原材料などの購入において、「当座買いの原則」を求められます。これは必要なものを必要なだけ購入するという考え方で、余分な在庫を抱えることが許されていないのです。

こうした環境の中で、市場の需要に応じて、変動費と固定費のあるべき水準を解明しようという発想が生まれてきます。それが電子部品のような需給変動の激しい業界において、無駄を減らし、付加価値を最大化することにつながっているのです。

アメーバ経営が、なぜ経営者を育てるのか

多くの企業では、製造部門が製造原価を算出し、それに一定の利益率を乗せて販売価格を決定します。つまりプッシュ型の行動原理になっています。このため、市場価格が急落したときに、営業部門にはすぐにそれが伝わりますが、製造部門側では原価構造を再構築するのに時間がかかり、その間に大きなロスを生み出してしまうことがあります。

これに対してアメーバ経営では、先に市場価格を設定し、それに合った原価構造を製造部門側が日々検討するプル型の行動原理になります。使用している部材を半値で買えないかなどと、安く調達する方法を常に検討します。それがダメなら、今度は設計や製造方法そのものを見直し、利益が出せる設計や製造プロセスにつくり変えていきます。

こうした行動原理が日々の仕事の中に織り込まれているため、市場価格の急激な変動にも適応しやすくなります。また、将来の価格下落を先取りし、将来の原価構造を下げるために、いまから能力向上に取り組むといった動きも取れるようになります。稲盛はこれを「能力を未来進行形で捉える」と表現します。京セラのように、需要の読みにくい新製品

を絶えず投入し、価格の引き下げを定期的に要求される業界で活動する企業においては、社員ひとりひとりが参加し、最適な原価構造のあり方を日々考えていく経営スタイルの方が適しているということです。

稲盛にとってアメーバ経営とは、経営者を育成するための方法論にもなっています。昨今多くの企業では、次世代の経営人材が不足しているといわれています。各部門の専門家は比較的容易に育てられるのですが、多様な部門の専門家を束ねて企業価値を生み出せる経営者となると、なかなか人材が出てこないのです。

それではここで、アメーバ経営がなぜ経営者の育成につながるのかについて考えてもらいましょう。

●Exercise●

多くの企業では、各部門の専門家は大勢育っていても、経営者が育たないことが問題になっています。それはなぜでしょうか？

また、アメーバ経営では、なぜ経営者が育つのかについて考えてみてください。

企業社会の中で、経験や人柄よりも専門性が重視されるようになって以来、多くの企業では社内の人材のローテーションが減り、特定の専門分野しか経験したことのない人が増えてきています。その結果、専門家は時間がたてば育ちますが、逆にすべての専門分野を横断的に束ねることが求められる経営者は、育ちにくくなっています。

専門家は自分の担当領域にしか目が向かないため、専門分野内に収まる小さな問題を解いている間は力を発揮しますが、経営全体を視野に入れた問題を解こうとすると、途端に間違ったゴール設定をしてしまうことが多くなります。

例えば製造部門のみに視野が閉ざされている人は、本来顧客はリードタイムの短縮や原価構造の抜本的見直しを求めているにもかかわらず、生産性の向上やカイゼン活動といった、既存の延長線上のゴールを掲げてしまうことがよくあります。専門家には、自分の専門分野の中でコントロールできないことは問題の定義から外してしまい、自分にできることの中から解を探そうとする行動パターンがあるからです。しかし、その結果、努力をしている割には顧客のニーズを満たせず、付加価値の増加につながらないという状況に陥ります。

アメーバ経営の下では、与えられた原価目標や生産計画を達成することではなく、何をすれば付加価値が最大になるのかが問われます。つまり、製造部門だから製造のことだけを考えていればいいということではなく、顧客のニーズや市場における需給、製品設計、事業特有の収益構造にまで視野を広げることが求められるのです。アメーバ経営には、専門家を心地よいホームグラウンドから引っ張り出し、経営者の視座に立って付加価値全体を考えさせる効果があります。だから経営者が育つのです。

強く持続した願望を持つ

もちろん、優れた仕組みがあるだけで、経営者がすぐに育つということではありません。アメーバのリーダーが市場構造・事業構造・収益構造の全体像を視野に入れた上で、「こうありたい」という願望を持つことが重要だといいます。稲盛は「潜在意識にまで透徹する強く持続した願望を持つ」という言葉でそれを表現しています。リーダーが燃えるような強い願望と使命感を持ち、その思いを繰り返しメンバーに訴えることによって、計画が真に共有された目標になるといいます。そして、その実現に向けて自分の持つすべてのエネルギーを注ぎ込むことによって、経営者が育っていくのです。

京セラでは、こうした願望を共有する場として、コンパが活用されています。「今年、私はこういうふうに経営していきたいと思う。売上はこういうふうに伸ばしていきたい。経費や時間はこれぐらいかかるだろうが、時間当たりや利益率はここまで伸ばしていきたい。そのため、これだけ受注を増やさねばならないが、私は営業と一緒に客先を訪れ、受注を増やすようにがんばる。君たちは工場を守ってくれ」。こうした形で、実現すべき状態をイメージだけでなく、具体的な数字や役割分担で表現し、伝えることが求められるのです。理念だけでは実行にはつながらず、実行が伴わなければ採算の改善も経営者の育成もないからです。

また、稲盛自身も経営者の育成には相当な時間を投入しています。経営会議の場では、時間当たり採算表をベースに、前月の実績と当月の予算を各部門のリーダーが発表します。このとき、議論を通じて、そのリーダーの考え方や仕事に対する姿勢を厳しく指導しています。

稲盛は、「リーダーはあらゆる可能性を追求して、詳細なシミュレーションを繰り返し、高い目標の実現に向けて全力を尽くすべきである。あらゆる困難を、何ものにも屈しない強固な意志と誰にも負けない努力により、乗り越えていかねばならない。そうした試練を繰り返すことによって、リーダーは経営者としてふさわしい能力や考え方を自然と身につけていくことになる」と語っています。

「ひとりひとりの社員が主役」

最後にあとがきの中で、稲盛は「このアメーバ経営の管理会計システムが、会計分野での新境地を切り開くものではないかと考えている」と述べています。管理会計は、企業で働く多くの人たちのモノの見方を、知らず知らずのうちに規定しています。しかし、そうした重要なものであるにもかかわらず、管理会計のあるべき姿についての議論はあまりされていないのが現状です。稲盛は、そこに着目し、そこを変えることで、多くの社員の行動や、経営のあり方を、より意味のある方向に変えることができると考えたのです。

各アメーバが採算を考える仕組みに変えることで、社員の経営に対する参画意識が高まり、付加価値を増やすための知恵が生まれるようになります。また、市場のダイナミズムが、社内の隅々にまでダイレクトに伝えられることで、各アメーバが運命共同体として機能するようになり、会社全体が市場の変化に即応できるようになります。そして、アメーバ間の利害対立を克服する中で、「人間として何が正しいのか」、公平、公正、正義、勇気、誠実、忍耐、努力、親切、思いやり、謙虚、博愛といった価値観について理解が深まっていきます。さらに、そうした経験を通じて、リーダーや経営者が育っていきます。こうした一連の活動が結集した結果として、「ひとりひとりの社員が主役」という理念が実現されるのです。

管理会計を変えることで、経営が大きく変わる。こうした着眼点から出発し、稲盛は新しい経営のあり方を創り出した人といえるでしょう。

Ⅳ

松下幸之助

道をひらく

松下氏が人の生き方について書いた本。ＰＨＰ研究所の機関誌「ＰＨＰ」の裏表紙に連載してきた短文の中から１２１篇を選んでまとめたもの。知識や理論を教えるのではなく、異なるものの見方の重要性を説く。ＰＨＰ研究所から１９６８年刊行。

松下幸之助（まつした・こうのすけ）

１８９４年生まれ。尋常小学校を４年で中退、自転車店などに奉公。電灯会社に就職するものの、退社。23歳のときに、松下電気器具製作所（現パナソニック）を創業。１９４６年には、「繁栄によって平和と幸福を」（Peace and Happiness through Prosperity）のスローガンを掲げ、ＰＨＰ研究所を創設。明治、大正、昭和、平成を生きた。「経営の神様」とも呼ばれる。１９８９年逝去。

神様の信念

この本は、松下幸之助氏が人の生き方について書いた本です。目次を見ると、「運命を切りひらくために」「ともによりよく生きるために」「困難にぶつかったときに」「事業をよりよく伸ばすために」など、思わず惹きつけられるテーマが並んでいます。「経営の神様」とまで呼ばれた人が書いた本ですから、おそらく多くの人もそう感じることでしょう。

世の中には多くの人生訓がありますが、その中でも松下の本に私が惹きつけられる理由があります。それは、まえがきの中で、松下が「身も心もゆたかな繁栄の社会を実現したいと願う私なりの思いをこめて書いた」と記していることと関係しています。

松下が残した多くの著書を読んでいると、商売には正しい道というものがあって、それを知り、そこに近づくことで、必ず商売は繁盛する。そして、多くの人がそれに取り組むことによって、社会は繁栄するという信念のようなものがあることに気づきます。

ここで、「必ず商売は繁盛する」「社会は繁栄する」と言い切るところに、松下の達観を感じるのです。この本の題名にもなっている「道」とは、宇宙自然の普遍的法則や根源的実在のことを意味し、「柔道」「茶道」などのようにわれわれにとって身近な概念です。しかし、それを知り、体得するのは容易ではありません。武道や芸事の修行のように、日々の鍛錬が求められます。その中で、「努力しても自分には無理なのではないか」という思いを何度となくさせられます。しかし、松下は、努力をすれば必ず繁盛する、そういう人が増えることで世の中は繁栄すると断言するのです。

自作の詩に込めた想い

松下は電気器具から家電まで事業を拡大する中で、多くの代理店の経営者と出会い、彼らの悩みを聞き、励ましながら、巨大なパナソニック・グループと、それを支える代理店網を構築してきました。「必ず繁栄する」という松下の断言なしに、この偉業が成し遂げられたとは私には思えないのです。そこで、この章では、なぜ松下がこうも大胆な断言ができたのかについて迫ってみたいと思います。

松下には詩の素養があったようで、この本の随所に思想を表現した詩が出てきます。次の詩は目次の直後に出てくるもので、松下がこの本に込めた思いが伝わってきます。

雨がふれば　人はなにげなく　傘《かさ》をひらく
この　自然な心の働きに　その素直さに
私たちは日ごろ　あまり気づいてはいない
だが　この素直な心　自然な心のなかにこそ
物事のありのままの姿　真実をつかむ
偉大な力があることを　学びたい
何ものにもとらわれない　伸びやかな心で
この世の姿と　自分の仕事をかえりみるとき
人間としてなすべきこと　国としてとるべき道が
そこに　おのずから明らかになるであろう

道と言ったときに私がまず思い起こすのは、「大道、長安に透《とお》る（すべての道は長安に通ず）」という言葉です。これは唐の時代の禅僧、趙州従諗《じょうしゅうじゅうしん》の言葉であり、弟子との次のような会話の中で使われました。

弟子「師匠、道とはどのようなものでしょうか」
従諗「道ならそこの垣根の向こうにあるだろう」
弟子「いいえ、そんな小道のことではなく、仏法の大道について尋ねているのです」
従諗「すべての道は長安に通じている」

つまり、大きなチャンスを期待するあまり、目の前のチャンスを見逃していないかということです。道をひらこうとすれば、日々の生活の中で出会うことの中に、それを可能にする題材が織り込まれています。それを「そんな小道」と切り捨ててしまい、いつ訪れるとも分からない大きなチャンスばかりを夢見ていても、道はひらけないということです。

人はとかく周りを見回しては、自分の選んだこの道でよかったのか、他の人が選んだ道の方がよかったのではないかと比較しがちです。しかし、松下は「所詮はこの道しかない」と言い切ります。「ともかくもこの道を休まず歩むことである。自分だけしか歩めない大事な道ではないか。自分だけに与えられているかけがえのないこの道ではないか。他人の道に心を奪われ、思案にくれて立ちすくんでいても、道は少しもひらけない」。

いくら他人の進む道をうらやんでも、自分にはそれを経験することはできません。他人も自分の道を経験することはできません。ただ、自分だけに与えられた道を最大限に生かすことはできるということです。

与えられた境遇の中で最善の手を探す

それでは、自分に与えられた道を休まず歩み続けて、本当に繁盛や繁栄がその先にあるのでしょうか。逆境に直面したとき、多くの人はこう思い悩みます。もちろん逆境が人を育てるわけですが、それが分かっていても、いざ逆境に直面すると不安になるのが人情です。これに対して、松下はこう言っています。

逆境は尊い。しかしまた順境も尊い。要は逆境であれ、順境であれ、その与えられた境涯に素直に生きることである。謙虚《けんきょ》の心を忘れぬことである。
素直さを失ったとき、逆境は卑屈を生み、順境は自惚《うぬぼれ》を生む。逆境、順境、そのいずれをも問わぬ。それはそのときのその人に与えられた一つの運命である。ただその境涯に素直に生きるがよい。

つまり、逆境と考えるから卑屈になり、順境と考えるから自惚れる。賭け事をやったことのある人なら分かるとおり、運不運はどの人にも確率的に等しく訪れます。長い人生をならしてみれば、多くの人はプラスマイナスゼロに収斂するでしょう。しかし、逆境のときにも順境のときにも工夫のしどころはあり、それを見逃さないことで、逆境を怪我なく過ごし、順境で大きくリターンを取りに行くことができます。

自分の置かれた境遇に一喜一憂しているうちに、こうした工夫の機会を見逃すことが、多くの人を不幸にします。それを避けるためには、「素直に生きる」こと、「謙虚の心を忘れぬ」ことだといいます。つまり、自分の境遇を変えられるなどと、おそれ多いことを考えずに、与えられた境遇の中で最善の手を探せということです。

ここで、松下のいうところの「謙虚な心」についてもう少し見てみることにしましょう。松下は「人生は分からないもの」と割り切った上で、心を澄まして世界を見ることが「謙虚さ」であると考えています。先入観なく物事を見ることで、道をひらくためのチャンスが見えてくると言っているのです。それでは、謙虚にモノを見ることで、いったい何が見えてくるのでしょうか。それに関して松下はこう語っています。

草も木も野菜も果物も、芽を出すときには芽を出し、実のなるときには実をむすぶ。枯れるべきときには枯れてゆく。自然に従った素直な態度である。そこには何の私心もなく、何の野心もない。無心である。虚心《きょしん》である。だから自然は美しく、秩序正しい。
困ったことに、人間はこうはいかない。素直になれないし、虚心になれない。ともすれば野心が起こり、私心に走る。だから人びとは落着きを失い、自然の理を見失う。そして出処《しゅっしょ》を誤り、進退を誤る。秩序も乱れる。……人間にとって、出処進退その時を誤らぬことほどむつかしいものはない。

松下は自然の理の中に、繁盛や繁栄につながる力があると考えていることが分かります。暖かい春に芽を出し、太陽のエネルギーが燦燦《さんさん》と注ぐ夏に育ち、気温が下がる秋には実を結び、寒い冬は種の中で過ごすという、自然の輪廻の中に、美しさや秩序を見出しているのです。寒い冬は毎年のように訪れますが、生命はそれを与件として受け入れ、それに逆らわずに生きていきます。そうした環境適応の歴史が生命の進化につながってきました。これが自然の理であり、繁栄をもたらす力です。ところが、人間はその自然の理に従うことをよしとせず、何かを為さんとするがために、かえって落ち着きを失い、出処進退を誤るといいます。その結果、戦場で敵が待ち伏せしているところに自ら出向いて行ったり、引くべきタイミングを誤り泥沼にはまるなどの不幸が起こってきます。

「さまざまの人があってよかった」

さて、運不運は確率的に等しく訪れるとはいうものの、生まれついての資質に、人によるばらつきがあるのは事実であり、それは変えようがないという人もいるでしょう。自分がたまたま才能に恵まれていないと思っている人はどうすればいいのでしょうか。これについては、松下はこう言っています。

自分と他人とは、顔もちがえば気性もちがう。好みもちがう。それでよいのである。ちがうことをなげくよりも、そのちがうことのなかに無限の妙味を感じたい。無限のゆたかさを感じたい。そして、人それぞれに力をつくし、人それぞれに助け合いたい。いろいろの人があってよかった。さまざまの人があってよかった——。

松下にこう言われてしまうと、返す言葉もないという感じです。ここで重要なのは、人それぞれに助け合うことで、個々人の差が「ゆたかさ」に変わると考えていることです。つまり、自分の欠点を自分ひとりで解決しようとするから立ち行かなくなるのであって、異なる個性を持った人たちと助け合えれば、「無限の妙味」を醸し出せると言っているのです。いまでいうところのダイバーシティでしょう。

いま、国内の市場が縮小を始め、海外、特に新興国に市場を求める日本企業が増えてきています。しかし、新興国とひと言でいっても、経済の発展段階や文化・宗教、歴史的背景はまったく異なります。そうした環境の中でこそ、松下の言うところの「ゆたかさ」「妙味」が意味を持ってくるのではないかと感じます。つまり、ひとりだけ、あるいは日本人だけで何かを為そうとするのでなく、多様な民族の人たちを巻き込み、助け合い、違いを認め合うことが求められているのです。

逆境を凌いで、運を呼び込む

順境や逆境に一喜一憂せずということは分かってはいても、実践するとなるとなかなか難しいと感じる人もいるでしょう。実際、松下も生まれつき病弱で、何度となく重い病を患っています。

そうした中で、松下はどのような心持ちで逆境に耐えてきたのでしょうか。

人間にとって所詮《しょせん》死は一回。あとにも先にも一回きり。とすれば、何回病気をしようとも、死につながる病というのも一回きり。あとの何回かは、これもまた人生の一つの試練と観《かん》じられようか。

松下は、若いころに船から海に落ちて、助かった経験をしています。このため、どんな危機に直面しても、「最後には何とかなる」という楽観的なモノの見方を持っているのです。松下は自分のことを「運がいい」と言っていますが、逆にこうした逆境の凌ぎ方を知っていたことが、チャンスの発見につながり、運を呼び込んだという面もあるでしょう。もちろん、試練に耐えても、なおその先によい結果が待っているのかどうか自信を持てなくなるときもあるでしょう。しかし、そんなときも、松下はこう考えています。

それは期待どおりのことであるかもしれないし、期待にそむくことであるかもしれない。しかしいずれにしても、それはわが力を越えたものであり、人事をつくしたかぎりにおいては、うろたえず、あわてず、心静かにその事態を迎えねばならない。そのなかからまた次の新しい道がひらけてくるであろう。

つまり、仮に運悪く結果が出なかったとしても、その先にさらにチャンスが見えてくるかもしれない。それを心静かに待つことで、道がひらけていくと言っているのです。成果を急いではいけないということです。それは自然の理に従って、来るべきときに来るということなのでしょう。さらに、ダメを押すかのようにこうも言っています。

道がひらけぬというのは、その志になお弱きものがあったからではなかろうか。つまり、何か事をなしたいというその思いに、いま一つ欠けるところがあったからではなかろうか。

できない部下への対処法

さて、松下は未熟な部下の扱い方についても多くを語っています。いいかえれば、それだけ多くの人が「部下が頼りなくて」という悩みを松下に持ちかけていたということでしょう。このテーマはビジネスリーダーにとって永遠のテーマであり、その対処法にも様々なものがあります。

これまでにもソニーの井深大氏、京セラの稲盛和夫氏の著書の中で、これに関連する話が出てきました。井深は「ソニーは少数精鋭でいい。大企業を目指す必要はない」と、優秀な人材だけを集めればよいと言っています。稲盛は、「どんな人でも収益責任を担うことで経営者としての目線をもつことができる」と言い、人は成長するというスタンスを取っています。それでは、松下はこの問題をどのように捉えているのでしょうか。ここで質問です。

●Exercise●

松下は、「できない部下」の扱い方について、どのようなアドバイスをしているのか考えてみてください。

これまでの話の中から、あなたもうすうす答えに気づいているかもしれませんが、松下は「あきらめなさい」と教えています。

> 完全無欠をのぞむのは、人間の一つの理想でもあり、またねがいでもある。だからおたがいにそれを求め合うのもやむを得ないけれども、求めてなお求め得られぬままに、知らず知らずのうちに、他をも苦しめ、みずからも悩むことがしばしばある。だがしかし、人間に完全無欠ということが本来あるのであろうか。

まじめで完璧主義の人ほど、部下の未熟さが気になります。また、ビジネスの世界においてスピードが求められるようになるにつれて、「部下に任せるよりも、自分でやった方が早い」とばかりに、すべてを自分で抱え込もうとする人が増えています。しかし、松下は、すべての部下に自分の期待値を満たすことを求める心に無理がある、それが自分を苦しめているのではないかと言っています。
ただ、「そこで妥協していては、商売の繁盛も社会の繁栄もないのではないか」と問いたくもなります。これに対して松下はどのように答えているのでしょうか。

どんな人にでも、探し出してくれば、その人だけに与えられている尊い天分というものがある。その天分で、世の中にサービスをすればよいのである。サービスのいい社会は、みんなが多く与え合っている社会で、だからみんなが身も心もゆたかになる。

「神さまではないのだから、全知全能を人間に求めるのは愚《ぐ》の限りである。……長所と短所と――それは人間のいわば一つの宿命である。その宿命を繁栄に結びつけるのも貧困に結びつけるのも、つまりはおたがいの心くばり一つにかかっているのではなかろうか。

ここでもまた、松下の「自然の理を見出す謙虚な心」の話が出てきます。長所と短所は簡単には変えられないものです。しかし、どんな人にも尊い天分というものがあり、要はそれを見出せる柔軟なモノの見方を持っているかどうかによって、繁栄につながるか、貧困に陥るかが分かれていくと言っているのです。

全部自分の思ったとおりにしようとすることを、松下は「辛抱が足りない」「寛容の精神に欠ける」と言っています。自分の思い通りにしようとするのでなく、お互いに助け合う気持ちを持ってはじめて、人の長所や短所が「ゆたかさ」に変わり、「無限の妙味」を感じることができると言っているのです。

自己を捨てることによってまず相手が生きる。その相手が生きて、自己もまたおのずから生きるようになる。これはいわば双方の生かし合いではなかろうか。そこから繁栄が生まれ、ゆたかな平和と幸福が生まれてくる。

おたがいに、ひろく社会の繁栄に寄与するため、おたがいを生かし合う謙虚《けんきょ》なものの考え方を養いたい。

経営に「唯一の答え」は存在しない

一般に経営書というものは、「こうすれば利益が出せる」という知識や理論を紹介するものが多いです。しかし、松下の『道をひらく』は、それとは大きく趣を異にしていることが分かるでしょう。松下は「これが答えだ」とは言いません。「異なるモノの見方があるのではないか」と問いかけるのです。一般の経営書が西洋科学の体裁を取ろうとするのに対して、松下の著書は東洋思想に近いイメージです。タイトルが「商売繁盛の秘訣」ではなく、『道をひらく』であることからもそれが伝わってきます。つまり、知識や理論を教えようとするのではなく、むしろそれらに盲従することを戒め、そこから自由になることと、素直な心で世界を観ることを勧めているのです。

それでは、なぜ知識や理論でなく、異なるものの見方が重要になるのでしょうか。それは、経営者には「唯一の答え」といったものがないからです。われわれはともすると学校教育の延長線上で、100点の答えがどこかにあるという前提でそれを探し求めて思い悩みます。しかし、100点の答えが出せる問題であれば、部下に任せておけばいいでしょう。経営者のところに上がってくる問題は、唯一の解がないからこそ上がってくるのです。

経営上の問題に、なぜ100点の答えがないのかというと、答えはそれを問う人が誰かによって変わるからです。例えば、顧客ごとのカスタマイズにどれだけ応えるべきかという問いに対する答えは、人によって変わってきます。顧客や、そのニーズを満たそうとする営業部門であれば、最大限に応えるべきと答えるでしょう。一方で、標準化によって製造原価を下げなければならない製造部門は、極力カスタマイズを抑えるべきと主張するでしょう。両者の常識が異なるがゆえに、喧嘩になることも珍しくありません。

結局、そのカスタマイズが長期的に企業の利益を伸ばすことにつながるのかどうかを見極める必要がありますが、そこには唯一の答えなどありません。様々な前提条件や、その後の努力によって、答えはいくらでも変わっていくのです。だからこそ、「こうすれば答えが出てくる」という知識や理論に飛びつくことが、実は危険であり、素直な心で世界をきめ細かく観ることが重要になるのです。

何よりもまず、決断せよ

100点の答えがない中で、進むべきか、留まるべきか、判断に迷う場面に直面したとき、松下はどのような心持ちで決断をしていたのでしょうか。

進むもよし、とどまるもよし。要はまず断《だん》を下《くだ》すことである。みずから断を下すことである。それが最善の道であるかどうかは、神ならぬ身、はかり知れないものがあるにしても、断を下さないことが、自他共に好ましくないことだけは明らかである。

六〇パーセントの見通しと確信ができたならば、その判断はおおむね妥当とみるべきであろう。そのあとは、勇気である。実行力である。

つまり、最善かどうか自信が持てなくても、「まず断を下すこと」が重要だと言っています。唯一の答えがないということは、どの答えをとっても一長一短あるということです。

とすれば、悩み続けるよりもいずれかを選んで行動に移り、勇気と実行力で邁進していった方が成功する確率は高まるということです。

なぜ「素直な心」が社会の繁栄につながるのか

さて、ここまで、素直な心で自然の理を見出すことができれば、商売は繁盛するという松下の考えについて述べてきました。ここから先は、個々人がそうした努力を続けることが、どうして社会全体の繁栄につながっていくのかに話を進めましょう。

●Exercise●

個々人が正しいと思って努力をしていても、考え方や価値観の違いによって争いが起こることがあります。このため、誰も悪意はないのに、非生産的な結果につながっていきます。それを回避し、社会の繁栄につながる「素直な心」とはどのようなものなのか考えてみてください。

この点について、松下はこう述べています。

どんな仕事でも、それが世の中に必要なればこそ成り立つので、世の中の人びとが求めているのでなければ、その仕事は成り立つものではない。……だから、自分の仕事は、自分がやっている自分の仕事だと思うのはとんでもないことで、ほんとうは世の中にやらせてもらっている世の中の仕事なのである。ここに仕事の意義がある。
自分の仕事をあもしたい、こうもしたいと思うのは、その人に熱意があればこそで、まことに結構なことだが、自分の仕事は世の中の仕事であるということを忘れたら、それはとらわれた野心となり小さな自己満足となる。
仕事が伸びるか伸びないかは、世の中がきめてくれる。世の中の求めのままに、自然に自分の仕事を伸ばしてゆけばよい。

つまり、松下の言う素直な心とは、「世の中にやらせてもらっている世の中の仕事」として、自分の仕事を見ることを意味しています。それができてはじめて、助け合いが行われ、個々人の違いが「ゆたかさ」に変わるのです。しかし多くの場合は、世の中の変化を利用して、自分の利益を増やすことを目的にしがちです。それがモノの見方にバイアスをかけ、逆に素直に世の中を見ることができない原因になります。松下は、それを戒めるためにこう言っています。

金は天下のまわりもの。自分の金といっても、たまたまその時、自分が持っているというだけで、所詮《しょせん》は天下国家の金である。その金を値打ちもなしに使うということは、いわば天下国家の財宝を意義なく失ったに等しい。金の値打ちを生かして使うということは、国家社会にたいするおたがい社会人の一つの大きな責任である。

つまり、世の中の富を増やすことに目的意識を持つことが、社会人の責任とまで言っています。それができれば、世の中とともに自分のビジネスも伸びていくでしょう。それができなければ、世の中から必要とされなくなり、自分のビジネスは縮んでいくことになります。だからこそ、ああしたい、こうしたいと考える前に、素直な心で世の中の求めることを察知しなければならないと言っているのです。

国家の繁栄に貢献

経済学の世界では、個々の企業や消費者が、自分にとっての利益を追求していても、市場競争の中で「神の見えざる手」が働いて、全体の資源活用が最適化されると教えます。ダーウィンの進化論の世界では、偶然の突然変異が種の多様性を生み出し、その中から環境に適したものが自然に選別され、繁栄していくと教えます。このように、自然の中には調和を実現する理があるのです。

人間のああしたい、こうしたいという思いは、それが正しい方向に働けば、自然の理を後押しする形で繁栄を加速しますが、調和を阻害する方向に向かえば、いくら自然の理が働いても、繁栄を妨げることになります。その結果、自分自身が淘汰されてしまいます。それが野心であり、自己満足です。松下は、人間がそうした不安定さを持っていることに気づいています。このため、世の中の求めのままに、自然に物事を考えることをよしとしているのです。

こうした松下の思いは、自然に国家のあり方へと行き着いていきます。自著の最後の章では、「国の道をひらくために」というテーマを立て、自らの考え方を述べています。

いかにわが道をひらく精進《しょうじん》を重ねても、国としての道がひらけていなければ、所詮《しょせん》はそれは砂上の楼閣《ろうかく》。誰かが何とかしてくれるだろうでは、誰も何ともしてくれない。……つまりは、われ他人《ひと》とともに懸命《けんめい》に考えて、わが道をひらく如くに、国の道をひらかねばなるまい。そうしなければならないのが民主主義で、またそれができるのも民主主義なのである。

「一つの仕事は他の仕事につながり、それがつながって世の中が動いている。だから自分一人の都合だけで、その仕事を勝手に左右することは、みんなに迷惑をかけ、道義的にもゆるされるわけがない。自分の仕事は自分のものであって、同時に自分のものではないのである。
中でも政治という仕事は、一億国民に、直接のつながりを持っていて、その良否は、たちまち国民の幸不幸を左右する。それだけに、政治という仕事はもっと尊ばれ、政治家はもっと優遇《ゆうぐう》されてよいと思うのである」

皆が助け合い、そこから「ゆたかさ」が生まれ、社会が繁栄する。そうした状態を実現することが政治の役割であり、そこに自らが参画することが民主主義であると述べています。こうした考え方が、70億円の私費を投じた松下政経塾の創設へとつながっていきました。

素直な心で自然の理を見抜くことが商売の繁盛につながるという原理を突き詰めるうちに、松下の思想は社会や国家の繁栄へと広がっていきました。そして、個々人ではどうにもならないと思われがちな国家の繁栄に、直接貢献できる道筋を見出したのです。こうした自在なモノの見方が、松下に「必ず商売は繁盛し、社会は繁栄する」と言わしめたのでしょう。

「経営の神様」と呼ばれるゆえん

世の中に正しい道（真理）があるのかどうかは、実は人類が2000年以上も議論してきて、いまだに結論が出ていない永遠のテーマです。しかし、松下は「正しい道はある」

と言い切るところから出発します。それが、多くの経営者をどれだけ励ましたことでしょう。松下が「経営の神様」と呼ばれるゆえんは、誰にも証明できないこと、しかし、人の生き方に大きな方向性を与える命題に関して、自ら結論を下し、責任を持ったことにあるのではないかと思います。最後に、松下の思いを最もよく表している一節を紹介して、この章を終わりにしたいと思います。

何ごともゆきづまれば、まず自分のものの見方を変えることである。案外、人は無意識の中にも一つの見方に執して、他の見方のあることを忘れがちである。そしてゆきづまったと言う。ゆきづまらないまでもムリをしている。……われわれはもっと自在でありたい。自在にものの見方を変える心の広さを持ちたい。何ごとも一つに執すれば言行公正を欠く。深刻な顔をする前に、ちょっと視野を変えてみるがよい。それで悪ければ、また見方を変えればよい。そのうちに、本当に正しい道がわかってくる。模索《もさく》の本当の意味はここにある。そしてこれができる人には、ゆきづまりはない。

V

柳井 正

経営者になるためのノート

社内で経営ができる人材を増やし、飛躍的な成長を遂げたいという柳井氏の構想が形になったもの。社外秘として使用していたノートを公開。経営者になるための原理原則が書き綴られる。PHP研究所から2015年刊行。

柳井 正（やない・ただし）

1949年生まれ。71年に早稲田大学政治経済学部を卒業後、株式会社ジャスコ（現イオン株式会社）の勤務を経て、25歳のときに父から小郡商事株式会社（現株式会社ファーストリテイリング）を任される。84年には広島でユニクロ1号店をオープンし、以降日本最大規模のカジュアルウエアチェーンへと発展させる。2001年からは通信大手、ソフトバンクの社外取締役も務める。

実行が伴っていなければ意味がない

本書は、現役のカリスマ経営者である柳井正氏が、ファーストリテイリングの経営者育成のために書き記した「ノート」です。柳井は、ファーストリテイリングが「革新的なグローバル企業で、世界一のアパレル製造小売業グループ」になるためには、少なくとも200名の経営者をつくる必要があると考えています。このため、本書の中には柳井の自伝や随想ではなく、経営者になるための原理原則が書き綴られています。

柳井は、経営者に必要な能力として、「変革する力」「儲ける力」「チームを作る力」「理想を追求する力」の4つを挙げています。そして、この4つの力のそれぞれに、ひとつの章を割り当て、その内容について自説を展開しています。特にユニークなのは、各章の最後に出てくる「セルフワーク」です。そこでは、半年に1回、自分の仕事ぶりを振り返り、自分にできていること、できていないことを自問自答することが求められています。そして、それを3年分繰り返す欄があるのです。

ここから分かることは、柳井が経営とは頭で理解するだけでは不十分で、実行が伴っていなければ意味がないと考えていることです。実際、本書の中で柳井は「経営は実行である」と、何度も繰り返しています。ゴルフの練習をイメージすれば分かるように、正しいスイングを頭で理解するだけではボールはまっすぐ飛んでくれません。実際にコースに出て、繰り返しボールを打ち、その軌跡を自分の目と体で確認することが必要になります。経営もそれと同じだということです。

しかし、だからといって、原理原則の学習が不要かというと、そうでもありません。それを知らずにいくら実行してみても、間違った努力を積み重ねてしまうことになります。経営の世界では、この「間違った努力を積み重ねる」という現象がよく見られます。それによって、多くの人の努力と資源が無駄にされてしまうことが少なくありません。

そこで、柳井はノートの形で経営の原理原則をまとめ、それを半年ごとに繰り返し読み、気づいたことを脇にメモ書きし、自分の進歩の過程を振り返ることができるツールとして本書を編集しています。体育会系の柳井の思想がよく表れた書といえるでしょう。

ところで、ここまで紹介してきたカリスマ経営者たちが、近代科学を活用して事業を成長させてきたにもかかわらず、なぜか東洋思想のような、近代科学では説明しきれない領域に関心を寄せてきたことに、あなたもすでにお気づきのことでしょう。近代科学は、真理はわれわれの外に客観的事実として存在し、人間は努力することでそれを知ることができるというスタンスを取ります。多くの経営書はこうした立場に立って、経営の理論を教えようとします。

これに対して東洋思想は、何が真理なのかはわれわれ個々人のモノの見方によって変わるという考え方を取ります。われわれのモノの認識の仕方は、過去の経験によって知らず知らずのうちに規定されています。いわば、誰もが気づかないうちに色眼鏡をかけさせられている状態にあります。しかも、この色眼鏡が歪んでいることが結構あります。しかし、われわれにとっては、この色眼鏡を通じて認識される世界こそが真実なのです。このため、自分では理論を理解し、正しいスイングをしているつもりでも、ボールが曲がってしまうということが起こるのです。

これを乗り越えるためには、達人の教えに従ってまず実行してみて、ボールが曲がったのを見て、自分の色眼鏡が歪んでいることを実感するしかないのです。これが、多くのカリスマ経営者が実行や実践を重視する理由です。

成果は、社会的使命の実現に寄与すべき

柳井は、経営者とは「成果をあげる人」だと言い切ります。つまり、顧客、社会、株主、社員に対して、「これをやります」と宣言して、それを実現するのが経営者の役目だということです。また、経営者になるための4つの力のひとつに「理想を追求する力」を挙げているとおり、経営者があげるべき成果は、社会的使命の実現に寄与するものでなければならないと考えています。それが、会社が永く社会から必要とされるための条件だといいます。

これを柳井自身に置き換えてみると、「服を変え、常識を変え、世界を変えていく」というファーストリテイリングの使命を実現することが、自分の役割であるということになります。

柳井は、この『カリスマ経営者の名著を読む』のⅡ章とⅣ章で紹介した本田宗一郎氏と松下幸之助氏を例として挙げ、2人がなぜ、いつまでも経営者として、多くの人から尊敬され続けるのか。それはやはり彼らが使命感を持ち、その使命の実現に近づく道程として、

そのときそのときの目指すべき姿、やるべきことを宣言し、それを実現させてきたからだと語っています。

つまり、社会にインパクトをもたらしたカリスマ経営者に近づくことを、自らに義務づけているということを意味します。いえ、それに留まらず、そうした経営者をファーストリテイリングの中に２００名つくろうとしているのです。その構想の大きさが分かります。

目標を高く掲げる

柳井は、経営者が実践しなくてはならないことのひとつ目として、「目標を高く持つ」ことを挙げています。実際、ファーストリテイリングの売上高がまだ80億円程度のときに、柳井はＧＡＰを超えて、世界一のアパレル製造小売業になることを大目標に掲げました。

そして、売上高が１００億円のときは３００億円を目指し、３００億円のときは１０００億円を、１０００億円のときは３０００億円を、３０００億円のときは１兆円をといった感じで、常に目標を高く引き上げていきました。売上高が１兆円を超えた現在は、５兆円を目標に掲げています。

なぜ売上高1000億円のときに、10%アップや20%アップの目標ではいけないのでしょうか。ここであなたにもその答えについて考えてもらいましょう。

●Exercise●

柳井は売上高1000億円のときに、1200億円ではなく、3000億円を目標に掲げました。なぜ高い目標を設定することが経営者にとって重要なのでしょうか?

10%や20%アップでいいと考えたとしたら、そこから出てくるアイデアは1000億円企業の域を超えられなくなってしまうからです。3倍の3000億円に目標を設定した途端、はじめて従来の延長線上からの発想の転換が必要であることに気づきます。その結果、頭に湧き上がってくるアイデア自体が変わっていくのです。

3000億円の売上高となると、全国的に認知されるブランドになっている必要があります。そのためには、原宿のような目立つところに旗艦店を構えている必要があるでしょう。また、輸入商品に依存するのでなく、自社商品を中心に編集が行われていることでしょう。3000億円となると、いくつも売れ筋商品をつくって回転させる必要がありますが、輸入では思うように品数を確保できないからです。その際、品質にうるさい日本人が相手ですから、中国の協力工場のレベルを世界最高基準にまで引き上げなければならないでしょう。

こうしたイマジネーションが次々と湧き上がってくるようでなければ、3000億円企業にはなれません。つまり、新しいビジョンを持つためには、自分自身の目線を大きく引き上げる必要があるということです。

無意識の世界を変える

この、高い目標を掲げることでイマジネーションを広げるという発想法は、実は人間の脳のメカニズムとも合致しています。人間の脳の活動のうち、われわれが自分で意識できる部分は2割もなく、8割以上の脳の活動は、われわれが意識できない無意識の世界で行われていることが分かってきています。そして、この無意識の世界が、われわれのイマジネーションと深く関連しているのです。

この無意識の世界は、われわれの頭の中に思い浮かぶ選択肢や着眼点をつくる働きをしているといわれます。例えば、2人の課長が上司の部長から企画書の作成を宿題として与えられたとしましょう。A課長は、その瞬間、「いつやろうか」「何から手をつけようか」といった切り口の選択肢が意識の世界に浮かび上がってきます。これに対して、B課長は、「この企画書を誰に任せようか」「その人のモチベーションをどうやって引き出そうか」という角度の選択肢が頭の中に湧き上がってきます。

これを見ると、A課長が自分で企画書を片付けようとしているのに対して、B課長は部下に任せようとしていることが分かります。よくA課長のような人に、「君ももう課長なんだから、全部自分で抱え込まずに、もっと仕事を部下に任せないといけないよ」といったことが言われます。その場ではA課長も、「確かにそうですね。これからは部下を信頼して任せることにします」と誓うのですが、その後も行動は一向に変わらないということがよくあります。それはなぜでしょうか。

それは、A課長の頭の中に、「誰に任せようか」という選択肢が浮かび上がってこないからです。選択肢が思い浮かばないことには、選択することすらできません。このため、A課長のような人が行動パターンを変えるためには、意識の世界で決心をしてもあまり意味はなく、むしろ無意識の世界の行動パターンを変える必要があるということになります。

ところで、この無意識の世界は、グーグルの検索エンジンのような働きを持っていて、自分が経験したことにタグをつけて記憶しておく機能があります。そして、外から刺激を受けたときに、無意識のうちにそれと関連したタグを持った過去の記憶を検索し、そこに引っかかってきた記憶を組み合わせて、選択肢や着眼点をつくっているといわれます。A課長のような人は、過去に自分ひとりで仕事を仕上げて褒められた経験が多いということを意味します。逆にB課長の場合は、部下と一緒に仕事を仕上げて達成感を共有した経験が多いことを意味しているのです。

「石のかけら」と「木の棒」をつなぐもの

新しい選択肢が意識の世界に湧き上がってくるようにするためには、無意識の世界の検索パターンを変えることが求められることになります。そこで、「目標を高く持つ」ことが意味を持つのです。従来の選択肢では解決できない課題を自らに与えることで、無意識の世界が活性化し、新たな解を求めて様々な検索パターンを試すようになるからです。

われわれ自身はその過程を意識することはできません。しかし、答えがない状態に置かれることで、漠とした不安を感じるようになります。この漠とした不安こそが、無意識の世界が様々な検索パターンを試している状態を意味します。私が柳井の「目標を高く持つ」という発想法に関心を持つのは、それが無意識の世界の働きを揺るがす訓練法になっているからです。

柳井はフリースが100万枚売れたことに満足せず、600万枚、1200万枚と目標を次々と引き上げていきました。その結果、ついに2600万枚まで到達したのです。日本人の5人に1人に当たる規模です。これが高い目標を設定することがもたらす効果といえるでしょう。

もちろん、目標を高く持つことで湧き上がってくる選択肢は、いずれも難易度が高いものばかりになるでしょう。しかし、柳井はそれに挑戦するところから、イノベーションが生まれると言います。

イノベーションとは、一見関係のない概念が同時に検索に引っかかり、まったく新しい概念に発展していく現象をいいます。イノベーションは人間だけが起こしますが、その理由も、脳の構造と関連しています。人間の脳は動物に比べて圧倒的に脳細胞の数が多いため、経験したことにつけておけるタグの数が多くなります。その結果、検索したときに一見関係のない概念が複数引っかかってくることがあります。人間が駄ジャレを言ったり、比喩を使うのはここに原因があります。

ところが、この機能がイノベーションとも関連しているのです。その昔、石のかけらと木の棒を見て、「ヤリ」という新しい概念を発明した人類がいました。無意識の世界の検索活動に偶然「石のかけら」と「木の棒」が引っかかり、そこから新しい概念を思いついたのです。

高い目標を掲げ、新しい環境に対峙することは、こうしたイノベーションをも触発する効果があるのです。ファーストリテイリングが高い目標に挑戦してきたことと、ヒートテックのようなイノベーションを起こしたことは、決して無関係ではないのです。

「常識を疑う」理由

目標を高く持つことに加えて、柳井が発想を広げるために勧めていることが、常識を疑うことです。ファーストリテイリングの使命にも「服を変え、常識を変え、世界を変えていく」とあるように、柳井は「経営者は常日頃から常識と言われているものを疑い、常識にとらわれないで物事を考える思考習慣を持つようにしなければいけない」と語っています。

その背景には、会社の成長や社会の発展を妨げるものが「常識」であるという考えがあります。柳井自身、常識的な意見に幾度となく進路を妨げられてきたようです。


「フリースは、登山やアウトドアメーカーがやるものだ」

「ヒートテックのような商品はスポーツ店で売るものだ」

「ブラトップのような商品はインナーだ」


こうして勝手に線引きをして、自分たちのポテンシャルを自分たちで封じ込めてしまうことに警鐘を鳴らしています。柳井はこうした常識を打ち破ることで、新たな顧客を創出してきました。「業界は過去、顧客は未来、ライバルではなく顧客に集中する」と語るように、業界の常識は未来の顧客の創出を妨げるだけと考えています。

柳井はセブン-イレブンを例に挙げ、常識を疑うことで、「夏におでん」「冬にアイスクリーム」を食べるという新たな顧客層を創造したことを絶賛しています。セブン&アイ・

ホールディングス会長だった鈴木敏文氏は、「明日のお客様が何を求めているかについて仮説を立てる」ことを重視していますが、柳井と同じ思想を共有していることが分かります。

顧客の期待を超えた先にあるもの

もうひとつ、柳井が発想を広げるために実践していることとして、顧客の期待を超えることが挙げられます。顧客の要求水準が絶えず進歩していくことを踏まえ、それを上回る基準を設定せよと説いています。組織の中で行われるすべての仕事の基準をそのラインに設定し、絶対に妥協してはいけないと言っているのです。

お客様というのは、一度あるものを手にしたり、体験をしたら、そこが基準になります。そして次からは、その基準でものを見ていきます。

その結果、100円ショップであれ、回転寿司であれ、以前は考えもつかなかったぐら

いに質が改善してきています。このため、自己満足に陥っていると、気がついたときには破壊的なイノベーションに巻き込まれ、自社の商品やサービスが顧客にとって存在感を失ってしまうという危機感を持っているのです。

そうならないためには、「世界で一番」の質の高さを自ら目指し、他社が追いつけないところまで到達すべきと言います。そうした挑戦的なプロセスから、新たな収穫や学びが生まれると考えているのです。そして、自分たちがつくった基準がお客様の常識になることによって、その基準に達しないライバル企業を淘汰していくことを追求しています。これが圧倒的なポジションを獲得するということです。柳井はそれに成功した企業の例として、グーグルやアップル、ザ・ウォルト・ディズニー・カンパニーを挙げています。

顧客の期待を超えようと努力した結果として、ファーストリテイリングは新しい価値を次々と創出してきました。その代表例としてヒートテックが挙げられます。２００３年にはじめて商品化したときは、保温性・発熱性を売りにし、１５０万枚を売り上げました。その翌年には、抗菌機能とドライ機能が加わっています。さらに、２００５年には、保湿機能を加え、肌の乾燥を防ぎたい女性から圧倒的支持を受け、４５０万枚を売り上げました。

その後もさらに機能性、バリエーション、ファッション性を進化させ、2010年には8000万枚の販売を実現するに至っています。いまや「冬といえばヒートテック」が新しい常識になり、男性・女性にかかわらず、あらゆる年代の人が買う市場を創造するに至っています。まさに社会的イノベーションといえるでしょう。

人気輸入商品の扱いをやめる

さらに、柳井はリスクを取ることも、発想を広げる上で必要だと考えています。「安定志向は経営をダメにする」と公言し、「会社を危険にさらしたくない」という思いが、実は逆に会社を危険にさらすと警告しています。会社を経営したことのない人は、追い風を受けて前に進んでいる状態が「正常な経営」だと勘違いしてしまうとまで述べています。

リスクがあるところには、圧倒的に一番になれる可能性があります。それは、多くの人がそれを恐れて、最初からあきらめてしまうからです。柳井は人が手をつけないからこそ、自分たちで商売を全部コントロールし、利益を独占できると考えます。

ファーストリテイリングは1998年にユニクロ原宿店をオープンするときに、販売するすべての商品を自社商品にすることを決断しました。ナイキやアディダスなどの輸入商品の扱いをやめたのです。当時のユニクロにおける人気商品の売上を返上するというリスクをあえて取ったのです。

リスクを避けようとすれば、売れる可能性のある商品は幅広く取り扱うという判断になるでしょう。しかし、その結果どれも中途半端な売上にしかならず、10％、20％増ならまだしも、売上を3倍増にすることなど遠い夢となってしまいます。実際、こうした状態に陥っている企業は少なくありません。

「早い」ことが可能にしたリスクテイク

柳井は、「最高の商売というのは、ひとつの完成された商品だけで大量に売れるような商売をすること」だと言います。アップルをイメージしてみれば、その言わんとするところは明らかでしょう。そのためには、捨てる勇気、集中するための自信が必要になります。売れるという自信の持てる商品を絞り込み、徹底的に回転させることで、売上を2倍、3倍にできるのです。柳井にとってリスク分散とは、自信がないことの表れなのです。それは、顧客から必ず見透かされるといいます。
リスク分散は資源とエネルギーの分散につながります。結果的に無駄が多く効率の悪い経営になります。それが、企業の体力を削ぎ落としていくのです。だからこそ、自信の持てる最高基準のものづくりに集中し、それ以外のことを中途半端に手がけるのをやめることが重要だと説いています。

もちろん、柳井もむやみにリスクを取ったわけではなく、リスクを取るための成功要因を発見しています。それがファーストリテイリングという社名につながっています。それではここでもうひとつエクササイズを出しましょう。

●Exercise●

ファーストリテイリングは直訳すると「早い小売業」となります。柳井はファストフードからその名前を取っていますが、早いことがなぜリスクテイクを可能にしたのかについて考えてみてください。

アパレルメーカーが洋服を企画してから生地を調達し、生産して店頭の棚に並べるまでの間に、従来は半年ぐらいの時間を要していました。半年前に企画した服が売れるかどうかは、博打のようなものです。そこで、リスクを回避するために、多品種少量生産が行われていました。

このため、たまたま流行った服は一瞬で蒸発し、そこから先は欠品状態になっていました。売れることは分かっていても、生産が間に合わないために機会を逸失していたのです。逆に売れない服はいつまでも店の棚を占領し続け、「買いたい服のないお店」ができる構造が生まれていたのです。

柳井はそこに問題意識を感じ、協力工場を通じて自前の製造能力を駆使することで、従来半年かけていたリードタイムを数週間まで短縮したのです。数週間で洋服を生産できれば、売れ筋商品だけを量産し、徹底的に回転させることで売上を何倍にも伸ばすことができます。これが「ファーストリテイリング」というコンセプトです。こうした組織能力があってはじめて、フリースやヒートテックのブームを引き起こすことができたのです。

柳井は、「時間というものは、生まれたときこそタダでもらっているが、その先はいくらお金を出しても手に入れることができない。そんな貴重な時間をうまく利用した人だけがこの世の成功者になれる」と語っています。

時間をうまく活用することで、お客様の欲しいタイミングに、欲しいものが、欲しい量揃っていて、そして最後にそれがちょうどよく売り切れる。そうした状態を実現することが可能になるのです。

せっかく顧客が店頭に来てくれているのに、自分が買いたい色やサイズがない。それを、「アパレル業界とはそういうものだから仕方がない」と割り切るのか、「それは、単にその商品の販売機会をロスしたに留まらず、ファーストリテイリングに対するお客様の信頼をロスしたことになる」と考えるのかによって、そこから先の発想が違ってくるのです。

プロの仕事は矛盾と戦うこと

柳井は「できない」と言ってあきらめてしまうのは素人だと言います。プロの仕事は、あえて矛盾と戦って、そこに解決策を見出すことであると述べています。無意識の世界を活性化し、イノベーションを起こすことで、新たな顧客が創造できると考えているのです。

柳井が最初の都心店として始めた原宿店では、来店顧客の2割ぐらいしか購買につながらないことが次第に明らかになりました。しかも、顧客が隅から隅まで見て回り、いろいろな商品を手に取っては棚に戻すため、大量の商品整理業務が発生することになりました。その一方で、郊外店に比べて賃料が高いので、採算を取ることが非常に難しい状況に直面したのです。

しかし、試行錯誤を通じて、この矛盾を解決する方法を見出していったといいます。そのおかげで、都心部での商売のやり方は徐々に進歩し、銀座店やソーホーニューヨーク店の成功につながっていったといいます。

ここで、どのような工夫によってそれが可能になったのかは、残念ながら書かれていません。それは柳井が引退した後に出版する本を待つしかありません。あるいは、ユニクロの銀座店に通って定点観測せよということなのかもしれません。

最後に、柳井は「もの分かりのいい上司からイノベーションは生まれない」とも述べています。われわれは往々にして、社員に嫌われたくないという思いから、もの分かりがいい上司を装いがちなところがありますが、柳井はもの分かりがいい上司が、部下の成長機会を奪っていると言います。

それは、部下に対して要求や質問をしないと、現場の仕事が「作業」になってしまうからです。普通に働いている人は、企業の目的が顧客の創造だとは考えていません。このため、経営者が具体的な状況に即してその思いを伝えていかなければ、社員は顧客の創造を意識しなくなってしまうのです。

「お客様は、どう思っていると思う?」「次に何をしたらいいと思う?」といった問いを投げかけることで、新しい刺激を部下の無意識の世界に投げ込み、検索パターンを揺さぶる必要があるということです。それが、顧客に関心を持ち、想像力を働かせて仕事に取り組む人を育てることにつながるということです。

柳井は「人生と対決するようにして生きる」ことを次世代の経営者に求めています。自分および周囲の発想を広げるために、絶えず視座を引き上げ、視野を広げ、新しい刺激を無意識の世界に送り込みます。それが既成のモノの見方を揺さぶり、新しい選択肢やイノベーションを生み出していきます。そうやって社会的な使命や理想の実現を追求することが、経営者としての生き方と考えているのです。

Ⅵ

坂根正弘

ダントツ経営

「若いころから、なぜか平均点主義になじめず『ダントツ的発想』を実行してきた」と語る坂根氏が、中国での事業拡大から経営再建に至るまで、自ら考え行動する中から学んだ「生きた知識」を克明に語る。日本経済新聞出版社から2011年刊行。

坂根正弘（さかね・まさひろ）
1941年生まれ。63年に大阪市立大学工学部を卒業後、コマツ（株式会社小松製作所）に入社し、ブルドーザーの設計を行う。89年取締役、91年小松ドレッサーカンパニー（現コマツアメリカ）社長、94年常務取締役、97年専務取締役、99年代表取締役副社長、2001年代表取締役社長就任。就任直後に創業以来初の赤字に直面するが、構造改革を断行し翌年にはV字回復を達成。現在は、コマツ相談役。

行動しないのは、知らないのと同じ

本書の冒頭には、「本当の知識は行動のなかにある」という見出しに続いて、坂根正弘氏自身のまえがきが載せられています。その中で坂根は、自分の好きな言葉として「知行合一」を挙げるとともに、この言葉の意味するところとして、「知ること」と「行うこと」は同じこと、行動や実践を通じてこそ真の知識が身につくと説明しています。そして、その後に、おもむろに坂根の考え方と行動の核心に迫る次の言葉を書き綴っています。

> アタマに知識だけ蓄えても、それを行為や行動に活かさないのであれば、真に知っているとはいえない。

本書『ダントツ経営』では、コマツのトップとして坂根が考え行動し、そこから生きた知識として学んだことが克明に語られています。その背後には、この「行動に活かさないのであれば、真に知っているとはいえない」という思想が一貫して脈打っています。まだ多くの日本企業が躊躇する時期に中国に進出し、そこから中国での成功要因をつかんだり、周囲の反対を押し切って収益性の低い事業や、特徴のない商品を切り捨てたりする中から、「ダントツ経営」の本質を見出した坂根の姿が、生き生きと伝わってきます。

国内市場が縮小に転じ、過去の成功パターンが通用しなくなった昨今、坂根は「日本人の誰もが傍観者になってしまっている」ことを憂いています。そして、それを「リーダーシップの不在」と断じています。坂根の言葉からは、目の前の危機に本質的なメスを入れず、リスクを回避して行動に移らずにいながら、現状が分かっている、やるべきことを知っているとは言わせないという厳しさが感じられます。

坂根にとって経営とは、本質的な問題を解決するために、明確なゴールを示し、全員の汗と知恵のベクトルを結集して新しいうねりをつくり上げていくことを意味します。そして、問題に対峙し、それを何とかしようと努力する過程を通じて、いままで気づいていなかった真理を発見し、知恵や力として身につけていくのです。

実践して、うまくいかないときは臨機応変に軌道修正していく。そうした試行錯誤の繰り返しの中で、自分ならではのオリジナリティのある知識ができ上がっていき、マネジメントの技も磨かれていくといいます。それが経営における「知行合一」ということでしょう。本書の中には、そうした考え方が具体的な行動として結実した姿が、繰り返し登場します。

中国建機メーカーの台頭も視野に

本書では、まず坂根が社長就任前後に見ていた中国の姿から話が始まります。中国というと最近でこそバブル崩壊が声高に叫ばれていますが、2014年ごろまでは世界経済を牽引する存在でした。坂根は、まだ多くの日本企業が中国参入をためらっていた2000年以前から、すでに中国市場に成長ポテンシャルを見出し、経営基盤の整備に取り組んできました。

坂根は、「建設機械は時代を先取りする先行指標」と言います。つまり、コマツという企業の目には、インフラ整備が進む新興国の実態や、そこに流れ込む資源のグローバルな商流が映っていたのです。

2001年6月に坂根がコマツの社長に就任したとき、これからは「アジアを中心とした新興国の時代が来る」と社内外に宣言しています。当時坂根は、「アジアの成長」という追い風を受けてコマツが飛躍する一大チャンスを感じ取っていたと同時に、中国の建機メーカーが台頭し、やがてはコマツやキャタピラーと肩を並べる日が来ることも視野に入れて動き始めたのです。

国内ではバブル崩壊後、建設機械の安値販売が相次ぎ、日本の国内建機市場は国際水準よりも価格が安いという状況が続いていました。ところが、2001年ごろから異変が見られるようになりました。香港などからバイヤーが大挙して日本にやってきて、中古の建機を次々と高値で落札していったのです。坂根は、ここに世界の建設機械市場が急速にグローバル化していく姿を見たのです。

中国でトップシェアを獲得できた理由

多くの日本企業が、中国で様々な壁に直面し、苦戦を強いられる中で、コマツの中国ビジネスは、代表的な成功例として挙げられるようになっています。コマツは外資メーカーの中でもトップクラスのシェアを確保し、中国現地メーカーを含めても優位な戦いを展開してきました。

１９９５年には直接投資に踏み切り、済寧と常州に相次いで工場を開設しました。しかし、コマツが中国で成果をあげられた理由は、早くから製造拠点を中国に移したことだけではありません。何がコマツの中国における成功要因になったのか、ここであなたにも考えてもらいましょう。

●**Exercise**●

コマツが中国市場で高いシェアを獲得できた成功要因について考えてください。

建設機械というのは、「売れば、それでおしまい」という売り切り型の商品ではなく、購入した後も常に部品の交換や修理が必要になります。このため、強力なサービスネットワークを有していることがこの事業における成功要因のひとつになります。そこでコマツは１９９５年ごろから、販売網とサービス拠点の整備に着手します。その際、資金力はなくても、意欲と能力のある現地の人たちに任せるという方針を取りました。

他メーカーは、華僑系の企業を総代理店にし、大きなテリトリーを与えるやり方で販売網を築きました。しかしコマツは、一から現地の中国人に販売網づくりを委ねたのです。

彼らは以前は国営の建設機械メーカーに勤めたりしていたので、商習慣や顧客情報、商品についてはそれなりの知識や経験がありました。しかし、彼らには製品在庫を持つための資金がありませんでした。そこで、コマツが製品在庫をすべて負担することで、代理店業への参入のチャンスを与えたのです。

坂根は、「現地の人に任せるという方針は正しかった」と述べています。現地に密着した人が代理店を経営することで、その土地その土地の情報が集まってきます。「次に、ここでダム建設が始まる」という情報があれば、その地域で建設機械の需要が盛り上がります。

中国では建設機械の買い手の9割は個人だといいます。自分で買った建設機械を自ら運転して、建設現場や工事現場で働き、成功を夢見る人たちです。こうした個人の顧客の動向をキャッチし、彼らのハートをつかむには、やはり現地の事情に精通した、現地の人材が欠かせなかったのです。

コマツの代理店の中国人経営者が、代理店は「ハンター」ではなく、「ファーマー」であるべきだと話す場面が出てきます。「過去のお客さんにも情報を提供したり、よいサービスを提供したりすることで、定期的に『収穫』（買い替え需要）が得られる。地道な取り組みでコマツや代理店の評判が上がれば、新たな顧客も自然に獲得できるようになる」。

こう語る代理店の社長の言葉を聞いて、坂根は感激したといいます。彼らがまさに「コマツウェイ」を体現してくれているからです。坂根は時間をかけて、思想を共有した販売・サービス網を構築してきました。こうした代理店との信頼関係が、ライバル企業が真似をしようとしても簡単にはできない「競争優位性」になっているといいます。

「われわれはすでに知っている」のワナ

「中国は一筋縄ではいかない」といいますが、坂根はむしろ日本や先進国のやり方をそのまま持ち込もうとするからうまくいかないと考えています。現地で工夫を積み重ねなければ見えてこないものがあり、それを知ることではじめて成功できるのだといいます。ともすると、われわれは「すでに知っている」という前提に立ちがちですが、前提条件の違う国では、そうした甘い認識が実行や成功を妨げることになります。むしろ、心を澄まして現地の事情を観察し、現地に合った解決策を見出すことが、真の実行につながります。これが坂根のいうところの「知行合一」です。

例えば、コマツは日本でも米国でもできなかった「流通在庫ゼロ」の体制を中国で実現しました。もちろん、中国で建設機械を買う人は、必ず一度は試乗した上で「これを買う」と決めるのが普通なので、実機なしの商売は成り立ちません。しかし、代理店のヤードに置かれる実機が、その店の所有物である必要はありません。実機はメーカーが保有し、代理店は販売業務に徹すればいいのです。

代理店が在庫投資をする資金力がなかったというのが当初のきっかけでしたが、メーカーにとっても、直接コントロールできない流通在庫はやっかいな存在です。むしろ、資金負担をしてもメーカーが直接コントロールした方がいいという逆転の発想が、中国では成功要因になったのです。

さらに、これを逆手にとって、代理店の情報システムとコマツのそれを一体のものとして設計し、販売の前線の動向をコマツ側で瞬時に把握できるようにしました。それによって、例えば「30トン級の大型油圧ショベル市場の動きがいい」ということが分かれば、すぐに工場で増産対応し、流通在庫なしでも極力「欠品」や「売り逃し」を防ぐ仕組みをつくり上げました。コマツは中国で生まれた「流通在庫ゼロ」の仕組みを、いま米国など世界の他の地域にも広げようとしています。

市場そのものを「見える化」

コマツというと、誰もが思い浮かべるのが「ＫＯＭＴＲＡＸ（コムトラックス）」でしょう。これは建機に搭載されたＧＰＳ付きのＩＣＴシステムで、いまでいうＩｏＴの走りです。コムトラックスを装備することで、建機を顧客に納品した後も、それがいまどこにあり、何時間ぐらい稼働しているか、燃料の残りはどのくらいかといった情報を把握し、顧客や代理店と共有することができます。

これをコマツの側から見ると、稼働状況に関する情報を生産計画や需要予測に反映させることが可能になります。一方、コムトラックス経由でその機械のエンジンをかからなくしてしまうこともできるため、代理店にとっては債権管理に、ユーザーにとっては盗難防止に役立っています。こうした仕組みによって、コマツの貸し倒れ率は非常に低く抑えられています。

コムトラックスの利点は、これだけではありません。むしろ最大のメリットは、中国全土に分布する数万台のコマツの建機の稼働状況をリアルタイムで集めることで、中国建設機械市場そのものを見える化できたことにあります。つまり、坂根は建機を工事のための機械と見るのではなく、中国の市場をモニタリングするセンサーとして見る、新しいモノの見方を発見したといえます。

このことは、2004年春の中国政府による経済引き締めの際に効果を発揮しました。コムトラックスのおかげで、コマツはライバルメーカーよりもかなり早く、事態の深刻さを察知することができたのです。このときは、早い時期に工場を止めることができたおかげで、傷が浅く済んだといいます。

逆に2004年の調整が終わった後は、中国の建設機械市場はリーマンショック後のわずかな期間を除いて、最近まで一貫して右肩上がりで成長していきました。懐疑論、弱気論がつきまとっていた中で、コマツは市場の先行きについて基本的には楽観的な見方をとり続けることができたといいます。広大な中国市場でいま何が起こっているかを、地域ごと、機種ごとに把握できたことが、コマツにとってもうひとつの成功要因となったのです。

中国では、建設機械のオーナーが、携帯電話で自分が所有する車両の稼働状況や燃料残量などの情報を見ることができます。こうした利便性に慣れた顧客は、いずれ他社製の建機もコマツ製に乗り換えるようになるといいます。

また、コムトラックスを通じて貴重な洞察を得ることも可能になりました。例えば、ブルドーザーの補修コストは思ったより高く、1万時間稼働させるためには、新車価格の80％相当の修理費が必要だという事実が明らかになってきました。その結果、足回りの部品の耐久性を引き上げることで、修理コストを大幅に引き下げられることも分かってきたのです。

坂根は、「長年建設機械で商売をしていながら、当時のコマツは、こんな基本的なこともデータとしてきっちり把握していなかった」と振り返っています。逆に、データさえしっかりしていれば、顧客価値を高めるために何をすべきかが自ずから浮かび上がるということです。こうしたデータ収集を通じて、コマツは商品力を高めていきました。

GPSを使ってダンプトラックの無人走行を可能にしたこともそのひとつです。24時間体制でダンプトラックを動かそうとすると、以前は1台当たり4～5人が必要でした。しかし、コマツの無人運行システムを使えば、こうした人件費をゼロにできるのです。

生え抜きの現地人材を登用

また、坂根は中国において権限委譲も積極的に進めています。元々海外事業は極力現地の人に舵取りを委ねるという方針を取り、海外11カ国の生産拠点のうち、7カ国で現地の人に経営トップを任せてきたといいます。しかも、社外からスカウトしてきた人材ではなく、10年、20年とコマツに勤め、コマツウェイをよく理解し体験してきた生え抜きの人材を登用しているのです。特に中国については、変化が激しいだけに、現地でスピーディに意思決定できる体制が重用だといいます。

2010年には、本社の役員3人を中国に駐在させ、現地で意思決定できる体制を整えました。欧米企業ではフォルクスワーゲンやゼネラル・エレクトリック（GE）などが早くからそうした体制を取ることで成功しましたが、日本の大企業でそれに着手したのはコマツが最初ではないかと思います。

さらに、マネジメントの現地化も進め、中国の販売会社など16子会社の社長すべてを中国人にしています。こうして、現場のリーダー層に現地人を登用し、日々のオペレーションや意思決定を現地化しています。こうした姿勢が、中国で優秀な人材を確保することにつながるとともに、中国ビジネスにおけるもうひとつの成功要因になったといえるでしょう。

一回限りの「大手術」

本書には、坂根が過去にトップとして多くの危機を乗り切ってきた姿も描かれています。坂根は、「会社が凡庸な企業で終わるか、偉大な存在に飛躍できるか、その分かれ目は、危機に臨んで、経営陣がどんな対応をするかに左右される」と言います。危機を逆手にとって思い切った改革に踏み込む企業と、その場凌ぎに終始している企業とでは、そこから学ぶことや、危機をくぐり抜けた後の勢いが違うのです。

２００２年３月期にコマツは１３０億円の営業赤字、８００億円の純損失を計上しました。それまでは、バブル崩壊後に国内市場が縮小していても、どこか会社全体に余裕があり、危機感が浸透しきらないところがあったといいます。ところが、坂根はこの赤字転落を機に、コマツの「構造改革」を進めると宣言しました。「これまでのやり方や常識にとらわれない、相当思い切ったことをやる」という決意を社内外に示したのです。キャタピラーと並んでトップの座にある企業が、自ら身を切る決断をするのは、並大抵のことではなかったと思われます。

坂根はまず「成長とコストの分離」という考え方を打ち出します。よく、コストを切りたくないがゆえに、売上が「右肩上がり」になるという経営計画を逆算して作成しがちですが、坂根はそれを許しませんでした。コストはコストとして、必要な水準について考え方を持つことを求めたのです。

坂根は、コマツの社員は一生懸命やっているのに、なぜ欧米のライバル、特にキャタピラーと比べて低い利益率しか出ないのかという点に大きな問題意識を感じていました。そこで、赤字の原因を探ることに取り組みました。コマツの全世界の工場の実力比較を実施したのです。すると、「変動費」に絞って比較すれば、最も生産コストが低いのは、意外にも日本であることが分かってきました。そこから、根本的な原因は「固定費」にあるという結論にたどり着きます。

事業の多角化を進め、たくさんの子会社をつくってきた結果、慢性的に赤字を計上する子会社群や、それを許す体質が生まれていました。それが、高い固定費として全体の収益性を引き下げていたのです。そこで、坂根はすぐに固定費の削減に着手し、不採算事業や本社の業務を徹底して見直していきました。それが本当に必要な固定費なのかどうかを問い直したのです。

赤字転落がはっきりしてきた段階で、これまでタブー視してきた雇用にも手をつける決意を固めました。ただし、「大手術は1回限り」という条件を自らに課しました。退職した社員は1100人、転籍者は1700人に達し、15％近い人たちが何らかの痛みを被ったといいます。ただ、そのかいあって毎年400億円近い赤字を出していた不採算事業を整理し、300社あった子会社を1年半で110社減らすことに成功しました。

痛みを伴う改革の実行こそ、リーダーの役割

坂根はコマツ電子金属を例に挙げ、「エレクトロニクスのことはエレクトロニクスのプロに任せるべき」「自社か他社のいずれがオーナーになった方が、その事業がより発展していけるかの一点で判断されるべき」という考え方を示しています。他の人たちが経営するよりも、自分たちが経営した方が絶対に企業価値が高くなると自信を持って言えるよう

な状況でなければ、コストをかけるべきではないということです。

このため、GEと同様に世界で1、2位のポジションに立てる事業に集中する選択を行っています。結果として、コマツの売上の約50％は、世界1位の商品で構成されるようになり、世界2位の商品まで含めると、全売上高の約85％に達するといいます。

坂根はこうした痛みを伴う改革を実行するのが、リーダーの役目だと言います。その結果、2001年の営業赤字から、2002年には300億円の黒字に転換することに成功しています。

ここで坂根は、収益を改善しようとして、手っ取り早く切りやすいコストの削減に手をつけるのは、現場やサプライヤーを疲弊させるだけと言います。例えば、研究開発費を削ったり、部品メーカーに値下げをさせたりしても、将来の利益を犠牲にしているか、部品メーカーの利益を吸い上げているだけで、利益の付け替えにしかならないといっているのです。

そうではなく、組織に覆いかぶさり、活力を損ねている「固定費」にこそメスを入れるべきだと言います。もちろん固定費の改革は痛みを伴いますが、そこから逃げずに、関係者を説得しながら改革を実行するのがリーダーの役目なのです。

「ダントツ」とは捨てること

坂根のもうひとつのこだわりとして、「ダントツ・プロジェクト」と呼ぶ新商品開発の話が出てきます。坂根は、「商品開発は平均点主義ではうまくいきません。自らの得意分野を徹底的に伸ばすことで、商品としての独自性が生まれ、ブランドの認知も進みます」と語っています。むやみに多くの機種を市場に投入し続けるのは経営にとって効率が悪く、機種を絞り込み、売上寄与度の大きい重点機種に資源を重点配分することをよしとしています。

ファーストリテイリングの柳井正氏が、「最高の商売というのは、ひとつの完成された商品だけで大量に売れるような商売をすること」と述べていたことと相通じるところがあります。坂根にとっても、リスク分散とは自信がないことの表れなのです。それは必ず顧客から見透かされます。

ダントツ・プロジェクトを導入する以前、坂根はコマツの商品開発のあり方に大きな疑問を感じていたといいます。つまり、何事も競争相手と比べた上で、それより「少し上」

を目指そうとするのです。多くの関係者が合意できるものをつくろうとするあまり、とりたてて特徴のない、いわばカドの取れたものになってしまっていたといいます。

そこで、坂根は新商品の開発にあたって、「営業と開発は、まず何を犠牲にするかで合意しろ」と指示しました。つまり、他社に負けてもいいところをあらかじめ決めておき、その分、強みに磨きをかけろというわけです。

優れた経営者は一様にスクラップ&ビルドがうまいのですが、どこかを犠牲にしなければ、投入資源を生み出せないという発想を持っています。こうして捻出した資源を使って、「ダントツ商品」を生み出すのがダントツ・プロジェクトなのです。「いくつかの重要な性能やスペックで、競合メーカーが数年かかっても追いつけないような圧倒的な特徴をつくる」。こうした意図を持って、捨てるべきところを捨てられる会社が、競合から見ると本当に怖い会社といえるでしょう。リスクを回避し、平均的な商品を出してくる会社は恐れるに足らずということなのです。

また、ダントツ・プロジェクトは、「これまでの製品に比べて、原価を10%以上引き下げ、そのコスト余力をダントツの実現に振り向ける」という側面も持っています。原価の10%削減を実現しようとすると、開発部門と生産部門が早い段階からコラボレーションする必要があります。そこから「コストを切り下げたいなら、こんな設計ではダメで、こういうふうに改めるべきだ」といった具体的な知恵が出てくるようになったといいます。そして、それが実行へとつながっていったのです。まさに知行合一といえるでしょう。

販売やサービスでも「ダントツ」を追求

坂根は、商品だけでなく、販売やサービスについてもダントツを追求します。企業は「セリング」から出発し、やがて「マーケティング」の段階に進み、最後は「ブランディング」へと進化していくといいます。ピーター・ドラッカーの「究極のマーケティングは、セリングを不要にする」という言葉を念頭に置いていると思われますが、坂根はさらにその先に目標を置いているということです。それでは、ブランディングとはいったい何か、あなたにも考えてもらいましょう。

●Exercsise●

ブランディングとは何か、坂根の言わんとするところを考えてみてください。

坂根は、コマツが目指しているのは、マーケティングのさらに先にあるブランディングであると言います。そして、ブランディングに関して、「お客様から選ばれ続けるための仕組みをつくる」と表現しています。

ブランドとは元々家畜に目印として押した焼き印のことを意味しました。つまり、ブランドの本質は記号です。記号というのは面白いもので、人間から認識されるための形を持つとともに、人間の頭の中に意味を生じさせます。前章の「柳井正『経営者になるためのノート』」の中で、人の無意識の世界のメカニズムについて紹介しましたが、人が印を見て、無意識のうちに検索を行ったときに、意味が引っかかってくるのが記号でありブランドです。そして、人の頭の中に無意識のうちに浮かび上がる意味のことを「ブランド・エクイティ」といいます。

建機を必要とした顧客が、半ば無意識のうちにコマツを選ぶこと。逆にいえば、顧客の無意識の世界の検索活動に、「コマツ」を刷り込むこと。それが坂根の目指している「お客様から選ばれ続ける」状態といえます。こうした状態をつくるため、コマツは顧客との関係性を7段階に分類し、それをレベルアップさせる活動としてブランドマネジメントを展開しています。そして、「レベル7」を「コマツ以外の製品は使わない状態」と定義しているのです。ブランドマネジメントというと、「それはBtoC（企業対消費者）の話だろう」と言う人もいますが、坂根はBtoB（企業対企業）の企業であるコマツにとっても、それが重要であると考えているのです。

無意識のうちに選んでもらえる存在になるにはどうすればいいのか。例えばコマツは、コムトラックスを使ったコンサルティングを提供しています。「お客様の油圧ショベルはエンジンをかけているのに、特に作業していない時間が月30時間もあります。こまめにエンジンを切る操作を繰り返せば、燃料費はこれだけ節約できますよ」といった情報を具体的に、実額で提案するのです。こうした相手の心にインパクトを与える活動が、無意識の世界に「コマツ」という意味を刷り込むのです。

「コマツウェイ」の5つの軸

最後に、坂根はコマツウェイについても、その背景にある考え方について述べています。
坂根がコマツウェイの編纂を思い立ったのは、社長の座を後進に譲ろうと考え始めた

2005年のことです。最初は社長業務の引き継ぎメモとして書き始めたそうですが、「コマツウェイ」として冊子にまとめて全社員に公表し、会社の軸をはっきりさせておこうと考えるに至ったようです。

コマツウェイは社長に向けた「マネジメント編」と、全社員に向けた「全社共通編」から構成されています。マネジメント編には、下記の5つが挙げられています。

取締役会を活性化すること
社員とのコミュニケーションを率先垂範すること
ビジネス社会のルールを遵守すること
決してリスクの処理を先送りしないこと
常に後継者育成を考えること

特に坂根は、取締役会などでトップの提案に対する異論が容認され、場合によってはストップをかけることができる状態にあることを重視しています。いわゆるコーポレート・ガバナンスが効いた状態です。

坂根自身、コマツの取締役会が買収案件に際して「買収金額が4億2000万ドルまでなら、社長以下執行部は買収を実行してもよい」という条件をつけ、それが理由で買収を断念した経験があるといいます。「悔しい気持ちはなかったといえば嘘になりますが、それでも、活発な取締役会は、会社の長期的な利益にかなうと考え、納得しました」と述べています。

経営者が自らを律する仕組みをつくることは容易なことではありませんが、リスクを先送りせず、知行合一を実行するために、そこまでの厳しさを自らに求めた経営者としての坂根の姿が伝わってきます。

VII

デービッド・パッカード

HPウェイ

HPの成功要因として挙げられる「HPウェイ」に関して、デービッド氏が書いた物語。ガレージから出発し、世界的大企業になるまでの道のりを「HPウェイ」に込めた思いと共に描き出す。1995年刊行。増補版は海と月社から2011年刊行。

デービッド・パッカード

(David Packard)

1912年生まれ。スタンフォード大学卒業。GEに就職のあと、39年大学時代の友人ビル・ヒューレットと共に「ガレージ」でヒューレット・パッカード社を創設する。今なお世界中の企業に注目される独自の経営理念「HPウェイ」を掲げ、時代を代表するビジネスリーダーになった。93年に取締役会長職を退き、名誉会長に。96年に逝去。

シリコンバレーのパイオニア

本書は、ヒューレット・パッカード（以下ＨＰ）の創業者のひとりであるデービッド・パッカード氏が書いた、ＨＰウェイに関する物語です。

ＨＰはウィリアム・ヒューレット氏とデービッド・パッカードが、米国カリフォルニア州パロアルトで１９３９年に設立した会社です。当初は計測器メーカーとして出発しましたが、その後コンピュータやプリンターを主力製品とする企業へと発展していきました。ヒューレットとパッカードの２人が事業を始めたときに事務所代わりに使ったガレージは、現在カリフォルニア州によって「シリコンバレー発祥の地」と認定されています。

ＨＰの成功要因としてよく挙げられるのが、２人の価値観を反映した「ＨＰウェイ」です。ピーター・ドラッカーは、「企業が経営戦略を実行する上で必要な要素は、『資源』『プロセス』『価値基準』である」と述べています。つまり、ＧＥのように多様で強大な経営資源を持つ企業、トヨタ自動車のジャスト・イン・タイム・システムのように優れたプロセスを持つ企業は、卓越した実行力を発揮します。それと同様に、ＨＰは優れた価値基準を持つがゆえに、シリコンバレーの発展をリードしてきた企業といえるのです。

そのＨＰが、21世紀に入ってマスコミなどで苦戦を伝えられる場面が多くなっています。１９９９年のカーリー・フィオリーナ氏のＣＥＯ登用が注目を集めましたが、２００２年のコンパック買収は失敗に終わり、フィオリーナは解任されます。その後２００５年にＣＥＯに起用されたマーク・ハード氏もセクハラ疑惑で辞任。さらに、その後任としてＣＥＯに就いたレオ・アポテカー氏も、わずか1年で解任されています。こうした経緯を経て、ついにコンシューマー事業と企業向け事業に会社が分割されるに至りました。

本章では、優れた価値基準を持っていたはずのＨＰが、なぜこうなってしまったのかに迫ることとします。本書の中には、こうした結末に至る予兆のようなものが記されていま す。ただ、そこに入っていく前に、ＨＰウェイとは何か、それがなぜＨＰを成長させる原動力になったのかについて考えてみることにしましょう。

ＨＰウェイの5つの教え

ＨＰウェイには次のように5つの基本的な教えが記されています。

①　ヒューレット・パッカード社は、技術的な貢献をするために存在し、この目的にかなう機会のみを追求すべきである。

②　ヒューレット・パッカード社は、組織と社員にすぐれた業績を求める。利益ある成長こそ、継続的な成功の手段であり、判断基準である。

③　ヒューレット・パッカード社は、適切な人材を獲得し、社員を信頼して、目標を達成するいちばんの方法を自由に探してもらい、その仕事で得られた報酬を分配するときに、最高の結果が出ると考える。

④　ヒューレット・パッカード社は、業務をおこなう地域社会のために、直接貢献する責任を負う。

⑤　誠実であれ。

特に、ヒューレットとパッカードは、企業には株主のために利益をあげることよりも大きな責任があると考えていました。それは、社員ひとりひとりの尊厳を認め、顧客を幸せにし、広く地域社会に貢献することであるといいます。たいていの起業家が追い求める問題は、「どうすれば成功できるか」でしょう。ところが、ヒューレットとパッカードの2人は、最初からそれとは次元の違う問いに対して答えを出そうとしていたのです。

金を稼ぐことは重要な結果ではあるけれども、もっと深いところに、会社の本当の存在意義を見つけなければならない。……それは『貢献』である。

企業が貢献できているかどうかを知るには、次のような問いを立ててみることが役に立ちます。自分たちの製品は、技術面であれ、品質水準であれ、問題の解決法であれ、他社にはないユニークなものを顧客に提供しているか。活動拠点を置く地域社会は、自分たちが存在することでより強くなっているか。社員の生活はより豊かになっているか。自分たちの仕事は人々の暮らしを改善しているか――HPはこうした問いに対して、正面から向き合おうとしてきた企業であるといえるでしょう。

飛躍的な成長を遂げた背景

ＨＰの起業ストーリーは、ヒューレットとパッカードが学んだスタンフォード大学と、恩師のフレッド・ターマン教授と深く結びついています。ターマン教授は無線工学の分野で幅広い人脈を持っていました。そうした人脈を活用し、最先端の製品を世の中に送り出すことで、これまでできなかったことを実現し、社会に貢献したのがＨＰでした。

例えば、ベル研究所のハロルド・ブラック氏という科学者が「負帰還」という新しいアイデアを論文に書きました。これは電話の中継器（増幅器）に応用可能な技術でした。この技術を使えば、真空管の特性が変化しても増幅器の増幅率をコントロールできたのです。ＨＰはこれをいち早く応用し、通信、地球物理学、医学、国防の分野で要求される良質な可聴周波数を発生させるとともに、低コストで実用的なオーディオ発振器を開発しました。これが、ヒューレット・パッカードの製品第1号になりました。

この製品をお披露目したときに関心を示した人の中に、ウォルト・ディズニー・スタジオの主任音響エンジニアのバド・ホーキンス氏がいました。それがディズニーの革新的映画『ファンタジア』で使う音響機器の開発につながっていったといいます。

1950年代に入ってHPは飛躍的に成長しました。通信関連の機器を製造していたことから、朝鮮戦争の影響などで軍需が拡大したのです。しかし、それだけに留まらず、HPの製品は様々な分野で用いられるようになっていきました。このあたりまでの話はソニーの成長ストーリーと似ています。それまでに生産プロセスや販売代理店ネットワークを確立していたことが功を奏し、1950～52年までの間、毎年倍々ゲームで売上は増加していきました。

ベンチャー企業は往々にしてスケーラブルな物流・製造・販売プロセスの確立を軽視し、事業が成長を始めたときに仕事がオーバーフローする、「成長の痛み」といわれる現象に直面することがよくあります。これに対して、ヒューレットとパッカードの2人は、顧客に貢献するために、あらゆるプロセスの細部に注意を払うことを怠りませんでした。それがHPの飛躍を可能にしたのです。

また、恩師のターマン教授とのつながりを生かし、スタンフォード大学の大学院生が研究の一環としてHPの製品を設計、製作するという、共同の特別研究員プログラムに取り組みました。いまでいうオープンイノベーションです。また、その逆に優秀なHPのエンジニアが、スタンフォード大学で修士や博士課程を履修できる制度も導入し、それによって、全米から優秀な人材を雇うことができました。

ＨＰウェイの第一条で、「ヒューレット・パッカード社は、技術的な貢献をするために存在し」と掲げたことから、ＨＰは新製品の設計やエンジニアリング、顧客サービス、新しい設備などへの継続的な投資を重視しました。これらのレベルを下げれば、一時的に利益を増やすことは可能です。しかし長い目で見れば、どこで手を抜いても、必ず後で大きなつけが回ってきます。ＨＰウェイはそれを許しませんでした。

その一方で、ＨＰウェイの第二条では「利益ある成長こそ、継続的な成功の手段であり」とも語っており、利益を成長のための原資と考え、決しておろそかにしてはいけないと戒めています。ＨＰウェイの存在が、ＨＰの役職員に、短期的な利益と、成長のための投資とのバランスを取ることの重要性を教えたといえるでしょう。

退社する社員にも敬意を表する

ＨＰウェイの第三条では、社員の尊厳を認め、持てる力を引き出すことが求められています。パッカードは、「社員は皆いい仕事をしたいと思っている」と述べているとおり、基本的に社員を信頼していました。このため、マネジャーは社員ひとりひとりに配慮と敬意をもって接し、彼らの功績を認めなければならないと説いています。それによって社員が自分の潜在能力に気づき、最高の働きができると考えたのです。

HPが扱う先端技術の領域では、些細なことが良質な製品とそうでない製品の分かれ目になります。だから、すべての社員がそれぞれの業務でベストを尽くすことが、顧客にとっての価値につながるということです。パッカードは、「目標がいちばんうまく達成されるのは、社員ひとりひとりがそれを理解し、支持しているとき」であると言います。そのために、個人の自由や自発性を促しつつ、目的の共有やチームワークを尊重する、参加型マネジメントを追求したのです。

ただ、会社の成長に伴って、チームワークは当然のものではなくなっていきました。パッカードは、チームワークを絶えず強調し、強化しなければならなかったといいます。好業績の部門を特別扱いせず、利益分配についても、一部の選ばれた個人やグループにではなく、すべての有資格者に支払っています。また、パロアルトから車で1時間ほどのところにセコイアの森を1区画購入し、多くの社員やその家族がピクニックできる広大なレクリエーション・エリアを設けました。

不況のときには他の米国企業がとりがちなレイオフという手段を選ばず、皆が労働日数を10％短縮して賃金を10％減らす方法を取りました。まるで日本企業のような感じを受けますが、これによって優れた人材を失わずに済んだのでした。また、ＨＰは社員の教育にも多くの投資をしています。

こうした人事施策の中で、ＨＰの社員に対する信頼を最も世に知らしめたのは、フレックスタイム制度でした。パッカードは、社員に多忙な私生活があることを認めるとともに、各人が上司や同僚と相談して、周囲の都合を考えたスケジュールを組んでくれると信じていたのです。時代は大きく違いますが、米国ヤフーのＣＥＯに就任したマリッサ・メイヤー氏が、社員の在宅勤務制を廃止して物議を醸したのと対照的に映ります。

パッカードはＨＰを去る社員にまで敬意を払っていたといいます。彼らと働けたこと、彼らが社外で成功を収めたことに誇りを感じていたのです。起業の難しさを知るパッカードは、社外に出た人たちが様々な形でＨＰウェイを生かしてくれていることに喜びさえ感じていたのでしょう。

アメーバ経営に通じる分権化の思想

こうした社員への信頼は、製品開発の可否を判断する場面でも発揮されます。米国コロラド州コロラドスプリングスにあるオシロスコープ技術の研究所で、チャック・ハウス氏というエンジニアが、ディスプレイモニターの開発を手がけていたときの話です。そのプロジェクトは経営陣によって中止を言い渡されてしまいます。

ところが、彼は休暇を取ってカリフォルニアに出かけ、道々、見込みのありそうな顧客にディスプレイの試作品を見せて回りました。そして、その製品に何を求めるか、どんなところが気に入らないかについて聞いて回ったのです。顧客の評判はなかなかよく、意を強くしたチャックはプロジェクトを続行しようと決意しました。

その話を聞いたパッカードは、自分が打ち切りを要求したのを忘れたかのように研究開発部門のマネジャーを説得して生産を急がせました。結果的に、このディスプレイは1万7000台売れ、HPに3500万ドルの収入をもたらしました。数年後、HPのエンジニアの集いで、チャックは「エンジニアの領分を超えたケタはずれの反逆」を讃えるメダルを授与されました。HPウェイが、社員の熱意やそれを応援する雰囲気を醸成したひとつの好事例といえるでしょう。

また、HPは目標管理制度（MBO）をことさらに重視しました。この「目標による管理」を、「支配による管理」の対極にあるものと位置づけ、社員の主体性を引き出す手段と考えたのです。そこでは全体の目標が合意された後、社員はみな各自の責任の範囲内でベストと思われる方法で目標に向かい、柔軟に仕事をこなすことが認められました。

あらゆるレベルのマネジャーは、MBOと分権化の構造の下、計画策定、決定と評価、部下に対するリーダーシップなど、ひとつの製品群について、すべての面で説明責任を負います。つまり、それぞれが小さな会社を経営しているようなもので、それに伴うすべての権限と責任を引き受けることになります。それがマネジメントにおける分権化の哲学であり、自由な経営の神髄だというのです。京セラのアメーバ経営の考え方と相通じるものがあります。

パッカードは、これが相互理解と責任感を生み出すと考えました。そのために、マネジャーには細部に注意を払うことを求めています。マネジャーは部下ひとりひとりがやるべきことを理解していなければいけません。そして、自分たちは価値ある仕事をしているのだということを部下に実感させる必要があるといいます。

自分が知らない分野の仕事であっても、マネジメントの手法をマスターしていれば、マネジャーは務まるという人もいるでしょう。しかし、パッカードはそれでは満足しません。なぜなら、相互理解と責任感を醸成するためには、マネジャーが担当部門の仕事を本当に理解している必要があると考えているからです。

パッカードにとってのマネジャーは、サッカーの優れたコーチのように、サッカーのことを知り尽くし、手本を示すことができ、相互理解と責任感を醸成できる人のことをいいます。それができてはじめて、部下が価値ある仕事をして、顧客によりよいものを提供することができると考えているのです。

「社会に貢献する」ことの意味

ＨＰウェイの第四条には、「地域社会への貢献」も明確に謳《うた》われています。パッカードがそれにこだわったのには、彼の生い立ちが関連しています。彼は子供のころ、コロラド州で、１９３０年代に起こった米国の大恐慌を経験しています。収入がなくなって困窮していた家が多い中で、運よく家族を養える収入があった人たちが、食べ物や服を進んで分け与えていたのを見ていたのです。その経験を通じて、パッカードは他者を思いやり、手を差し伸べることの大切さを学んだのでした。

このため、パッカードの考える貢献は、顧客や社員に留まらず、社会一般にも及びます。HPウェイは、よき市民としての責任を自覚することを役職員に求めます。現在でこそCSR（Corporate Social Responsibility）という旗印の下、社会に対して価値を生み出すことも経営者の責任という考え方が主流になってきましたが、当時はHPウェイのような考え方は少数派でした。企業の所有者は株主なのだから、経営者は株主のために利益を出すことだけを考えていればいいという発想です。恵まれない子供たちに寄付をするのは、経営者ではなく、株主の役割という考え方です。それでは、ここであなたにもこの問題について考えてみてもらいましょう。

●Exercise●

社会一般に対して貢献することは、経営者の責任範囲の中に含まれるべきでしょうか？また、その理由についても考えてみてください。

この問題は、経営者にとってのステークホルダー（利害関係者）に、社会一般を含めるべきかどうかという論点に行き着きます。経営者が責任を果たすべき利害関係者として、株主、顧客、社員が含まれることについては、多くの人は異論がないでしょう。ところが、社会一般を含めるべきかどうかについては人によって考え方が異なります。ここでは、パッカードのように社会貢献も経営者の役割であるとする考え方について解説しておきましょう。

企業は、固有の技術やノウハウ、人材や設備を持っています。それを活用して、顧客にとって価値を生み出すのが事業活動ですが、企業が生み出せる価値はそれだけに留まりません。例えば製薬会社が感染症の薬を未開発国に寄付するのは、創薬という技術を持った企業でなければできないことだからです。保険制度が整備され、事業として成り立つ時代が来るまで待っていたのでは、いま困っている多くの患者の命を救うことはできません。こうした事業として成り立たない領域において、その企業でなければできない価値を提供することがCSRの意義です。

IBMが未開発国の教育や医療に情報通信技術を駆使してサービスを提供したり、住友化学が殺虫成分が少しずつ流れ出す新技術を使った蚊帳「オリセット・ネット」を、マラリヤの被害に遭っている途上国に提供するなどの例が示すように、その企業でなければできない固有の社会的価値が存在します。それを発見して実行することも、経営者の役割であるというのがCSRの考え方です。

ＨＰはこうした考え方に基づき、社員が社会に利益をもたらす活動に貢献することを積極的に奨励してきました。ＨＰの社員は様々な地域社会で、計画委員会、教育委員会、交通局、市議会など、地域運営組織に加わって貢献しています。１９７３年に導入されたばかりのサンフランシスコのベイエリア高速鉄道で、列車位置検知警報装置に問題が発生した際も、ＨＰの有志チームが解決に手を貸しました。

パッカード自身、ニクソン政権下の国防総省で次官として働き、自衛力を落とさずに防衛費をどこまで削れるかを検討する委員会を主導しています。その際、武官である統合参謀本部の部長たちを検討に巻き込み、彼らの協力を引き出すことに成功しました。ＨＰウェイを国防総省の中でも実践したわけです。こうした政策的判断の中に武官を巻き込む参加型のアプローチは、その後国防総省の中で受け継がれていきました。それが、第一次湾岸戦争の際に、ブッシュ大統領からコリン・パウエル統合参謀本部議長、ノーマン・シュワルツコフ中央軍司令官、さらにその部下の司令官という一本筋の通った連携プレーにつながったといいます。

1990年代からすでに見えていた「綻び」

ここまで、HPの生い立ちと、HPウェイの思想について紹介してきました。その中で、HPウェイがHPの成長にとって重要な役割を果たしてきたことについても述べました。ここから先は、1990年代以降、HPに生じた変化について話を進めていきます。その中で、なぜ2000年代に入ってHPが迷走しているのかについて、ひとつの仮説を示すことにします。

HPは1990年代にすでに変調を来していました。『ビジョナリー・カンパニー』の著者のジム・コリンズによれば、HPウェイの基本精神が正しく受け止められなくなってしまったからだといいます。「全員一致」に基づく意思決定スタイル、「終身雇用」「エンジニアリング主導」「歩き回る経営(Management By Walking Around)」などは、HPが確立してきた重要なマネジメントスタイルであり、文化です。しかし、HPウェイの基本精神が目指したのは、顧客や社員、社会に対して貢献することであって、これらのマネジメントスタイルや文化に執着することではありませんでした。

ところが、ＨＰの役職員は、こうした社内の文化や伝統を神聖化するようになっていきました。それが結果的に、「貢献」というＨＰウェイの基本精神をあいまいにしていったのだといいます。

やがて１９９０年代の終わりから２０００年代初めにかけて、ＨＰは針路をそれ、そもそもＨＰを偉大な企業たらしめた基本原則と相容れない決定を下すようになっていきました。その結果、カリスマ性のあるＣＥＯを外部から招き、「技術的な貢献」よりも、市場シェア拡大とコスト削減を目指す、高額の買収戦略に乗り出していったのです。

こうした状況にフラストレーションを感じたのはコリンズだけではありませんでした。パッカードの息子は、ウォールストリート・ジャーナル紙に全面広告を打ち、かつてパッカードがＨＰのマネジャーに向けて話したスピーチを掲載するという行動に出ました。以下はそこからの抜粋ですが、パッカードがＨＰウェイに込めた基本思想がよく伝わってきます。

さて、そもそも会社はなぜ存在するのか。それについて話し合いたい。……金を稼ぐことは重要な結果ではあるけれども、もっと深いところに、会社の本当の存在意義を見つけなければならない。……人が集まり、会社と呼ばれる組織を作るのは、ばらばらではできないことも団結すればできるからです。人が集まれば、価値のあることができる。つまり、社会貢献ができる。……人を心の底から動かすのは、たいてい金儲け以外の欲求です。ものを作りたい、サービスを提供したい、あるいは何かやりがいのあることをしたい、などです。

そのことを念頭に置いて、なぜヒューレット・パッカード社が存在するのか、考えてみましょう。

パッカードの息子は、２０００年以降のＨＰ迷走の中で、現経営陣たちが、「パッカードが生きていたら、やはりこうしていただろう」と公言するのに憤り、このようなアクションに出たのです。コリンズ同様、「彼らはＨＰウェイを理解していない」と言いたかったのでしょう。

「HPウェイ」そのものにも低迷の原因があった！

しかし、私はHP迷走の原因は、外部から来たCEOたちがHPウェイの基本思想を理解しなかったことに留まらないように感じています。ここではあなたにもその原因について考えてもらうことにしましょう。

●Exercise●

HPが1990年代以降、迷走し続けている本質的な原因について考えてください。ジム・コリンズとは別のモノの見方を探してみましょう。

（ヒント）HPは計測器メーカーとして出発し、その後電卓、コンピュータやプリンターなどに製品を多角化していきました。BtoBビジネスではシステム開発やアウトソーシング事業も展開しています。

さて、あなたの答えはどうなったでしょうか。私は、HPウェイの基本思想が正しく理解されなかっただけではなく、HPウェイの理念そのものにも、HPの事業との不適合が生じていたのではないかと考えています。だから、HPウェイを正しく理解して行動していても、間違って理解しているように見えてしまったのではないかということです。

1994年、HPのコンピュータ事業の売上は約200億ドル、総売上の78%を占めるようになっていました。HPは元々計測器を開発販売していたのですが、計測システムに使用する自動制御装置の開発に着手したことがきっかけとなり、HP初のミニコンピュータである、モデル2116へとつながっていきます。このモデル2116は、次第に自動計測システムの制御装置としてではなく、単体のミニコンピュータとして売れるようになっていきました。

コンピュータが機器の分野で主要な役割を担うようになることは、1960年代の初めには明らかになっていました。そのため、HPも早くからコンピュータの研究に着手してきました。しかし、その実現性が高まるにつれて、次第にHPはコンピュータに対して慎重なスタンスを取るようになっていきました。巨額の投資を伴うコンピュータ事業が、HPの基本理念から大きく離れてしまうことを経営陣が懸念したからです。

コンピュータ事業には大企業向け業務アプリケーション、データ処理センター、24時間体制のカスタマーサービス、リースやセールス業務など、当時のＨＰが持っていないノウハウや能力を必要としました。そこではＨＰの強みが生かせないのではないかと考えたのです。ヒューレットは常日頃から「要塞のある山を攻めるな。頂きにいる軍隊が自軍より大きければなおさらだ」と戒めていたといいます。コンピュータはまさにこのケースでした。

しかし、１９６６年にトム・オズボーン氏という若いエンジニアが電子式計算機の試作品を携えて売り込みに来たことで、事態は一変します。彼の小型計算機のアイデアを使えば、三角関数、双曲線関数、対数関数の計算を素早く行えるだけでなく、プログラミングもできる卓上計算機を開発できることに気づいたからです。それによって機械式計算機や関数表を代替できると考えたのです。

ＨＰの開発チームは、オズボーンと協力して、モデル９１００という電子式卓上計算機を開発しました。９１００は市場で大成功を収め、真に革新的な製品の見本となりました。さらに、大容量で消費電力の少ないＩＣメモリやＩＣプロセッサが使えるようになると、９１００を開発したエンジニアたちは、「シャツのポケットに収まる計算機をつくる」という、ヒューレットが掲げた課題にチャレンジします。そして、1972年、HP35と名づけられた計算機が発売され、大ヒット商品となったのです。

ところが、パーソナルコンピュータ（PC）事業においてはHPは成功しませんでした。特定の用途に特化したアルゴリズムの最適化と、それに応じたハードウェアの改良という範囲に技術要素が限定されている間は、HPが貢献できる余地がありました。しかし、汎用（オールラウンド）のPCとなると、もはや単一の技術革新が新しい製品を生むという構図ではなくなりました。ソフトウェア、CPU、記憶装置など、様々な領域での技術革新があってはじめて製品化が可能な構造へと変質していったのです。

その結果、ソフトウェア、CPU、記憶装置など、それぞれのパーツだけを扱う専業の会社が台頭し、分業化が進んでいきました。汎用のPCは、もはや製品というよりも、数多くの製品を組み合わせてつくるメタ製品（メタとは「上位」のこと）といっていいでしょう。そこでは業界構造の水平化が進み、各パーツの勝ち組企業が連合軍を組んで業界を支配する構造へ変わっていきました。いまでいうエコシステムです。HPのように全社員が力を合わせて新製品を丸ごとつくるというスタイルは、こうしたメタ製品には通用しにくくなっていったのです。

垂直型の組織が生んだ「官僚体質」

『HPウェイ』の巻末に出ている「ビンテージ・チャート」という図を見ると、HPの製品群のライフサイクルが1980年代から90年代へ移る過程で大きく変化したことが分かります。80年代前半のころは、まだ製品寿命が長く、70年代に開発された製品（計測器が中心）が安定的に売上をあげ続けていました。ところが、90年代に入ると、製品売上の半減期は1～2年ぐらいに短縮しています。つまり、計測器からコンピュータへ事業ポートフォリオがシフトしていったことが分かります。

それにつれて、HPの組織戦略にもゆらぎが生じています。パッカードは、大企業へと成長しても、ベンチャー企業のような創造性を失わないためには、大きくなった組織を分割することが必要だと考えました。量産体制に入った製品を切り出し、オフィスも違う場所に移すことで、ベンチャースピリットを呼び覚まそうとしたのです。3Mの組織戦略に近いものがあります。

ところが、コンピュータ事業ではこうした組織戦略が通じないことを思い知らされます。

コンピュータ・ビジネスは先にも述べたとおり、「製品を組み合わせたメタ製品」という色彩を持っています。このため、アプリケーション、OS、CPU、記憶装置、周辺機器といった多くの要素間でうまく調整することが必須でした。計測器のように、それぞれの製品を独立のものとして扱うことができなかったのです。

このため、HPには様々なプロジェクトチームや評議会、委員会が生まれていきました。それが結果として、官僚制につながったのです。本来エコシステムを活用して、業界内の水平分業体制で取り組むべきメタ製品を、自社単独で垂直型のビジネスとして扱おうとしたことに限界があったといえるでしょう。このように、水平型の事業が垂直型に見えてしまった理由のひとつに、社員全員を生かすというHPウェイの存在があったことが推察できます。

カリスマ経営者たる証

ドラッカーの言うように、「資源」「プロセス」「価値基準」は、経営戦略を実行するために必要な要素であると同時に、自社のモノの見方を縛る要因にもなります。それらの要素がビジネスの性質・構造にマッチしていれば、戦略の実行面において力を発揮します。しかし、それが成功をもたらすほど、環境が変化したときに、そのことを認識するのが遅れるのです。

『HPウェイ』を読んでいて気づくのは、パッカードがHPウェイの素晴らしさを語りながらも、コンピュータ事業については、なぜかそれがしっくり合わないと感じていることです。オープンで水平型の業界構造が生まれ、エコシステムが大企業に取って代わるという時代を見てしまったわれわれには、その違和感が何なのかが分かります。しかし、HPウェイの素晴らしさを知るがゆえに、パッカードにはPC事業の特殊性や、自前主義の限界が見えにくくなっていたのかもしれません。いま、産業革命から情報革命への時代の転換とともに、多くの日本企業が感じている違和感とも相通じるものがあるように思えます。

とはいっても、パッカードに時代の変化が見えていなかったのかというと、そうではありません。それは本書のエピローグを読めば明らかです。そこには次のようなことが記されています。

二〇世紀に、私たちはめくるめく進歩を経験したが、その大半は過去長い時間をかけて確立した科学原理にもとづいている。それは主として、一九世紀末までに発展した科学である。つまり、宇宙の最小構成単位は原子で、原子は陽子と中性子の核と、そのまわりをまわる電子からなるという考えを基礎とする。そこから元素周期表が作られ、やがて原子爆弾が発明された。

第二次世界大戦が終わると、アメリカとその同盟国、そしてソビエト連邦は、軍事的に優位に立とうと、高エネルギー物理学の大規模なプロジェクトに着手した。誰もゴールには到達しなかったが、研究の過程で、宇宙の最小単位が原子ではないことが判明した。原子のなかにさらに小さな10の素粒子が存在し、ニュートンの万有引力の法則に影響されない弱い力と強い力で結びついていたのだ。原子の古い概念を利用して、人間は自然界で発生するダイヤモンドに似た物質を作り出した。しかし、原子の新しい解釈を用いれば、自然界には存在しない物質、たとえば、ダイヤモンドより硬い物質や、しなやかなガラスのような物質を作ることができる。

この発見によって、遺伝子工学の新たな扉が開かれ、まったく新しい科学の世界が広がった。未来に目を向ければ、そこには二〇世紀に目にしたどんなものより、はるか

――に偉大な成長と発見の可能性があるはずだ。――

パッカードは原子の下部構造の解明が、新しい物質を生み出し、遺伝子工学にも新たな時代がひらかれること、それによって21世紀には20世紀以上の成長ポテンシャルがあることを正しく理解しています。それこそ、彼がカリスマ経営者であったことの証といえるでしょう。

VIII

サム・ウォルトン

私のウォルマート商法

田舎町の商店から、世界最大の売り上げを誇る巨大企業へとウォルマートを導いたウォルトン氏の自伝。自分の理想を信じ続けて屈服しない人々の物語を、商のコツと共に創業者が描く。講談社から2002年発刊。

サム・ウォルトン

(Sam Walton)

1918年、米国オクラホマ州生まれ。ミズーリ大学を卒業後、27歳で小売業界に入り、62年にディスカウントストアのウォルマート・ストアを創業する。根っからの「商人」で、自社および他社の店を見て回ることに人生を捧げ、確固たる信念に基づく経営姿勢を確立させる。92年に逝去するものの、ウォルトン家は米フォーブス誌の世界長者番付の常連に位置する。

「私の自慢できるただ一つのことは、アメリカ中のどのチェーンのトップよりも、私のほうがより多くの店の実例を見学（ストア・コンパリゾン）していることだ」

ウォルマートの創業者であるサム・ウォルトン氏は、根っからの「商人」で、自社および他社の店を見て回ることに人生を捧げた人です。「技術屋」本田宗一郎氏が世界中の機械を見て回ったのとよく似ています。時には自家用機で遠隔地まで赴き、時には家族とのキャンプを抜け出しては、マニアのように店を見て回りました。ミネソタ州の2つの町で、はじめて「セルフサービス」が開始されたという新聞記事を見ると、一晩バスに揺られてこれらの店を見に行きました。そして、自分の店にも早速このシステムを採用します。

ウォルトンの行動範囲は店舗だけに留まりません。他のディスカウントストア・チェーンの本部にも単身乗り込んでいって、おもむろにこう切り出すのです。

「こんにちは。サム・ウォルトンといいます。アーカンソーのベントンビルでいくつか店をやっています。こちらの社長さんにお会いして、ビジネスのお話をうかがいたいのですが」

多くの場合、相手は好奇心から会ってくれたそうです。そこでウォルトンは価格や物流など、あらゆることについて質問を浴びせかけ、多くのことを学んでいきました。本田が、オートバイのデザインの背後に顧客の喜怒哀楽や製造プロセス、原価構造を「観た」のと同じように、ウォルトンも店頭の棚の背後に、顧客の生活スタイルや仕入れ政策、物流システムをイメージできていたということが分かります。

ウォルトンには、「自分はまったくの素人で無知である」という自覚がありました。そして、ソクラテスではありませんが、それがかえってその後のウォルトンにとって幸運となったのです。なぜなら、当時米国の小売業は、パパママ・ストアから近代的チェーンストアへと大きく構造が変化していく過程にあり、様々な店舗形態がテストされ、新しい技術が導入されていたからです。ウォルトンはその中から多くのことを学び、世界一の小売企業を育てることに成功しました。

マニュアルよりも、自分の目と手で確かめる

ウォルトンが最初に事業を始めたのは、ベン・フランクリンというフランチャイザーの傘下にあった小売店を買ったときに遡《さかのぼ》ります。小売業大手のJCペニーで1年半働いた後に、自分で小売業を始めようとしていた矢先に、その小売店の身売り話が持ち込まれたのです。そこでは、店を経営するためのノウハウがきわめて効率的に組み立てられていて、ウォルトンはそこから多くのことを学びました。独自の会計システムやマニュアルがあり、商品一覧表、支払勘定書、損益計算書などがありました。前年と今年の営業利益や売上高を日々比較できる台帳もありました。自営業者が店を経営し管理するのに必要な道具一式が揃っていたのです。

ただ、ウォルトンは最初こそマニュアル通りにやっていましたが、すぐに自分で実験を始めるようになりました。独自の販売計画を立て、メーカーから直接商品を仕入れ始めたのです。メーカーに足を運んで交渉することもやりました。「フランチャイザーを通すと25％も余分に払わなければならないから、直接売ってほしい」と掛け合ったのです。

また、商品を安く卸してくれる業者を求めて、隣の州まで足を延ばすようになりました。その結果、3足1ドルで売っていたソックスを、4足1ドルで売ることができるようになり、店の宣伝に大いに役立ちました。1足当たりの利益は半分になりましたが、販売数量が3倍になったことで総利益がはるかに大きくなることを学びました。こうした経験を通じて、ウォルトンは薄利多売の原理を知ったのです。

さらに、ウォルトンは集客のために様々な実験を行いました。ポップコーンの機械を歩道に出してみたところ、爆発的な売れ行きになりました。次の手としてソフトクリームの機械を導入すると、これも大繁盛になりました。もちろん、成功ばかりではありません。ある日、そのアイスクリーム機を掃除し忘れたことがあり、翌日ウォルトンが得意満面で顧客をお店に案内した際、ショーウィンドーにハエがびっしりたかっていたこともあったといいます。

ウォルトンは、集客につながるアイデアや商品を常に探し求めました。フラフープがブームになると、フラフープと同じサイズの管をつくる業者と資金を出し合い、いまでいうプライベート・ブランドのフラフープを製造して店頭に並べました。こうした特売品をトラックいっぱいに積み込み、自ら運転して店を回ったのです。

出店戦略を決めた「妻のひと言」

　やがてウォルトンは、フランチャイザーの傘下で店を展開することに見切りをつけ、自分のバラエティストア（食品以外の購入頻度の高い家庭用雑貨を幅広く揃えた小売業態）をチェーン展開するようになります。１９６０年には15店舗で１４０万ドルの年商になっていました。

　しかし、この時代になると、巨大な店舗を擁したディスカウントストア（日用品・衣料品・食品・家電製品・玩具などを大型店舗で販売し、効率化によって低価格を実現した小売業態）があちらこちらに現れるようになります。バラエティストアは45％の粗利益率を追求します。ところがディスカウントストアは粗利率を30％に下げることで回転を利かせ、売上を圧倒的に引き上げていきます。ウォルトンは、近い将来ディスカウントストアの波が押し寄せてきて、大打撃を受けると分かっていながらバラエティストアに留まるか、それとも、自らディスカウントストアを始めるのかという選択を迫られました。ここで、ウォルトンはディスカウントストアに参入することを決意します。もちろん多額の借金を抱えるリスクを冒してです。
ウォルトンはディスカウントストア1号店に「ウォルマート」という名前をつけました。ただ、このリスクの高い出店に対して、出資したがる人はいませんでした。そこで、95%をウォルトン自身が負担することになります。そのために、家も土地も一切合財を抵当に入れました。
ウォルマートには十分な資金がなかったため、比較的小規模の店舗でも優位性が出せる小さな町に出店しました。ただ、それだけではなく、意外にもウォルトンの妻ヘレンの次のひと言がその後の出店政策を決める上で重要な役割を果たしたといいます。

「サム、私たちは結婚してから二年間に一六回も引っ越したわ。私はあなたの行くところならどこでもついて行くつもりよ、大都市以外ならね。人口一万人以上の町は駄目よ」

自然環境豊かなところで子供を育てたいという、当時の多くの米国人の母親の心がその背景にありました。こうした経緯から、ウォルマートは家庭的で、地元に密着した店舗運営を追求する会社になっていきました。そして、小さな町を知れば知るほど、ウォルトンはその可能性に気づいたのでした。

> アメリカの小さな町には、誰も思いもよらないほど多くのビジネス・チャンスが転がっている。

なぜ大都市を避けたのか

さて、ここであなたに質問を出しましょう。

●Exercise●

普通の小売企業は人口の多い大都市に出店する傾向があります。しかし、ウォルマートは地方の小さな町に出店しました。ビジネスの観点から、小さな町の魅力について考えてください。

さて、あなたの答えはどうなったでしょうか。

まず挙げられることは、小さな町には競合が入ってこないということです。同業大手のKマートは人口5万人以下、中堅のギブソンズですら人口1万人以下の町には出店しませんでした。ウォルマートは人口5千人以下の町を狙っていたので、競争がないばかりか、進出できる町は無数にありました。もちろん、小さなパイの中で利益をあげようとすると、圧倒的な集客力が求められます。そのために、エリアの市場構造を熟知する必要があります。また、徹底したコストダウンを可能にする事業構造の確立が重要になります。しかし、そこで利益をあげられる収益構造を確立できれば、大都市で楽なビジネスをしてきた競合企業を打ち負かすことも可能です。

この「小さな町に出店する」というポジショニングは、その後のウォルマートの成功要因のひとつになりました。以下では、ウォルマートが小さな町で利益をあげるために、①いかにして市場構造を熟知して集客力を高めたか、②どのような事業構造によってローコストオペレーションを可能にしたかについて見ていくことにしましょう。

「飛ぶように売れる」人気商品に仕立てる秘訣

ウォルトンは、まず集客力を高めるために、衛生・美容商品を低価格で買い取り、在庫リスクを取りました。これが初期のディスカウントストアの商品戦略です。ディスカウントストアの基本商品戦略は、歯磨き剤、マウスウォッシュ、頭痛薬、石鹸、シャンプーなどの必需品に仕入れ値ギリギリの安値をつけ、お客を集めることでした。こうした商品をお買い得品として新聞で広告し、店内に高く積み上げれば「本当に安い」と評判になります。その上で、他の商品で30％の利益を取るのです。

このため、その時々の集客に役立つ売れ筋商品選びに頭を使うことになります。ある店長は当時をこう振り返っています。

「サムは私たちに、毎週レポートを提出させたが、それには必ず『一番の売れ筋』を書かなくてはならなかった。そうやって、売れる商品に注目することを教えた」

ウォルトンは特定の商品を大量に仕入れて、人目を引くように演出するのが得意であり、楽しみにもしていました。普段の売り場に置いていてはあまり売れない商品が、見せ方を変えるだけで飛ぶように売れたのです。

例えば、ある日オハイオ州のマレーという会社から、シーズンの終わりに芝刈り機を1台175ドルで売るつもりだが買わないか、という問い合わせがありました。ウォルマートで447ドルで売っていた商品です。そこで、ウォルトンは200台を買い取ることを即決しました。相手はびっくり仰天していたようですが、その芝刈り機を1列25台、8列にして店の前に並べると、一台残らず売り切れたそうです。

また、大量のムーンパイ（チョコレート菓子）を、バニラ、チョコレート、キャラメル味などに分けて陳列すると、それがまた飛ぶように売れました。

これこそ創業時からのウォルトンのやり方であり、集客のための成功要因でした。ジャパネットたかたの高田明前社長のようなマーケティング・センスを持っていたのでしょう。「自分の店には、よく目を見開いて観察し、重点販売の工夫さえすれば、爆発的に売れて大きな収益につながる商品がいっぱいある」ということをウォルトンは店長たちに教えました。

こうした努力が、床面積当たりの売上高を劇的に伸ばしていったのです。

「常識」より「ワクワク感」に従う

当時の地方の町では、ウォルマートへ行く以外にあまり娯楽がありませんでした。屋外に商品を山積みにして大売り出しをしたり、客寄せに駐車場でバンド演奏やミニ・サーカスをやったりすることが、カーニバル的な雰囲気をつくり出し、多くの人々を集めたのです。「月夜の狂乱大セール」は、閉店時間後に始まり、夜中の12時まで続きました。その間、数分ごとに新しい特売品がアナウンスされたのです。

娯楽が多くなった現在では、こうしたやり方はもはや過去のものとなりましたが、地方都市で育ったウォルマートは、地域の住人にワクワク感を提供することに何よりもエネルギーを注いだのです。

ウォルトンの息子のロブは当時を思い起こしてこう語っています。

「土曜日のベントンビル中心街は、特別楽しい場所でした。父はいつも歩道に立ったり、時には道路に出て何かをやっており、いつも人だかりができていました。サンタクロースが来たり、パレードを見たのもその場所です。子供の私には、週末はサーカスの日かお祭りのようなもので、土曜日が大好きでした。私は歩道でポップコーンの係をしました。こうして商売に参加していたわけです」

ウォルマートの集客に寄与したもうひとつの仕組みとして、全店長を集めて実施する、土曜日の早朝の「反省会」があります。この反省会が、実質的な仕入れ会議でもあり、営業企画会議にもなりました。反省会の目的は、全員に現状を知ってもらい、どこが間違っているかを認識してもらうことです。ウォルトン自身を含めて、大きなミスを犯した場合は、原因について全員で話し合い、どうやってミスを正すかを考えました。そうやって翌日にはまた前進していったのです。セブン-イレブンが毎週実施しているオペレーション・フィールド・カウンセラーの会議と似ています。ウォルトンは業界の「常識」にとらわれず、ソクラテスのように「何が正しいか」に徹底してこだわったのです。

当初は土曜朝の時間を仕事に取られることに関して、ウォルトンの妻のヘレンはじめ、多くの人が反対したといいます。しかし、ウォルトンは小売業を職業として選んだからには、土曜日に働くのは当然であると考えました。多くの人が反対することが、実は成功要因になるということがビジネスの世界ではよくあります。これもそのひとつでしょう。

時代を10年先取りする事業モデルづくり

次に、ローコストの事業構造を確立しようとしたときに、まず考えるのがスケールメリットの活用です。ところが、企業が成長するためには、様々な壁を乗り越えなければなりません。ウォルトンは、ウォルマートの店舗数が拡大していく過程で、それを管理するための技術を学ぶ必要があることに思い至りました。各店舗における商品回転率をリアルタイムに把握することができれば、資本を効果的にお金に換えることが可能になります。いつどんな商品を仕入れるか、売価はいくらにするか、どのくらい値引きするかなどをタイムリーに判断し実行できるからです。

そこで、ウォルトンはＩＢＭの学校に行き、ロジスティックのためのシステムについて学びました。１９６０年代半ばのことです。このタイミングが絶妙でした。ウォルトンはコンピュータ時代の到来を10年先取りすることができたのです。もしウォルトンの動きが遅ければ、他社がチェーンストアの世界において帝国を築いていたかもしれません。

また、ウォルトンはローコスト・オペレーションを確立する上で、物流センターと物流システムの統合が必要であると考え、幹部を連れて、先進的な物流センターを導入した企業の見学に出かけました。その一方で、200万ドルも個人で借金を抱えていたウォルトンは、実際に投資するとなると急に慎重になりました。10万平方フィートの物流センターが必要だという現場に対して、ウォルトンは6万平方フィートに値切ろうとしたこともありました。こんなところでもディスカウント魂が発揮されたわけです。

こうした資金制約の壁を克服するため、ウォルトンはウォルマートの株式を公開する可能性について真剣に考えるようになりました。そして、コロンビア大学のロー・スクールを卒業し、法律事務所で働いていた息子のロブを弁護士として雇うことにしました。

また、投資家を集めては、競争のない小さな町に進出するウォルマートの出店戦略について話し、そこにどれほど大きなビジネス・チャンスがあるかを熱心に語りかけました。

こうして上場を成功させ、資金制約から解放されると、ウォルマートはいよいよ積極的な出店戦略を推し進めるようになりました。多くのチェーンストアが年間5〜6店出店する程度だったのに対し、ウォルマートは年間50店も出店していったのです。

大手の同業他社が、大都市のメトロポリタンエリアから他のメトロポリタンエリアへとジャンプしていくのに対して、ウォルマートはターゲットとしたエリアに集中出店し、飽和状態になるまでひとつの商圏を攻略してから、次のターゲットへカバーを広げるという戦略をとりました。そして、州から州へと地図を1枚ずつ塗り潰すように全国へ拡大していったのです。

こうした出店戦略は、管理や物流の面でコストメリットがあっただけでなく、ウォルマートの認知度を高め、広告費を節約することにもつながりました。大規模なディスカウントストア出店のニュースは、田舎では口コミですぐに伝わったのです。それどころか、人々は自分の町にもウォルマートが来るのを待ち望むようになったといいます。

ウォルトンは自ら小型飛行機を操縦して、店舗間を往復したり、空から出店に適した立地を探したりしました。まだグーグルアースなどない時代です。ここでもウォルマートは他社に10年先行していました。上空からは交通の流れ、町や市街の発展状況、競合店の場所まで確かめられるからです。そうやって、その市場に見合った出店候補地を買収していったのです。

全員に、商売の面白さを伝えたい！

一方で、急速な出店攻勢により、ウォルマートは絶えず人材不足に悩まされました。当時、新人が見習い店長と呼べるまでには10年かかるといわれていました。ところがウォルトンは、ほとんど経験のない者を半年間、店長と一緒に働かせてみて、商品管理や労務管理の能力を少しでも示せば、彼らを副店長に抜擢しました。周囲の人たちは、店舗運営の質の低下を怖れて反対しました。しかし、ウォルトンは「とにかくやらせてみるんだ。どうやるか、見てみようじゃないか」といって実行に移し、周囲の懸念が間違っていたことを証明したのです。経験がなくノウハウを知らない者でも、学ぶ意欲と熱意さえあれば、店長が務まることを知らしめたのです。

ウォルトンは店長だけではなく、一般の店員にも学ぶことを求めました。店舗視察の際、主任が誇らしげに近づいてきて、営業状況を数字で説明し、いまは社内で第5位だが来年は1位になるだろうなどと話すのを聞くと、最高に幸せな気分になったそうです。ウォルトンはこうした「商人たち」に会うのが好きだったといいます。

彼らがベビーオイルやランチボックスなどを積んだ平台のディスプレーを指して、この商品は粗利《あらり》が多いので特売品に選んだなどと説明し、どれほど売れたかを自慢する時、私は彼らを誇らしく思うあまり、じっとしていられないほどになる。……経営者が従業員の一人ひとりに、商売のおもしろさを教えることができるなら、これほど力強い武器はないだろう。

こうした努力を重ねながら、１９７０年代には強固な事業構造を確立することに成功します。それが80年代の未曾有の成長へとつながっていったのです。90年代初頭には、ウォルマートは全米に20の物流センターを持ち、そこから１日のトラック走行距離内に大半の店舗を配置しました。

当時ウォルマートが取り扱っていた商品８万品目のうち、85％が自社の物流センターから直接補充されていました。競合他社の補充率は50～60％であったといいますから、ウォルマートは商品物流にかかるトータルコストのかなりの部分を、自社でコントロールできていたことになります。実際、ウォルマートの出荷コストは３％以下で、他社より１・５

～2％も低かったといいます。

このことは、地方都市で利益をあげられる低コスト構造をつくる上で大きな役割を果たしました。

「顧客の代理」となって、メーカーとも闘う

ウォルトンは、自分たちは顧客の代理であると考えていました。このため時間をかけてよい商品を安く仕入れることを使命として追求していました。その結果、代理店やメーカーと揉めることも珍しくありませんでした。あるときは、プロクター＆ギャンブル（P＆G）の商品を店に置かないといって脅したこともあったといいます。ところが、その後、P＆Gはウォルマートの力を認め、戦略的なパートナーへと関係を発展させていきました。いままではそれは、業界のモデルと呼ばれるまでになっています。単なる値段交渉だけであればこうはいかなかったでしょう。ここであなたに、その理由について考えてみてもらいましょう。

●Exercise●

P&Gがウォルマートを戦略的パートナーとして認めた理由について考えてください。ウォルマートがP&Gに提供した価値とは何だったのでしょうか？
また、戦略的パートナーシップとは何か、それがどのように顧客に価値を提供したのかについても考えてみましょう。

P&Gがウォルマートを認めたということは、「わが社は顧客の代理だ」というウォルマートの主張を、掛け値なく受け取ったということを意味します。ウォルマートの店舗は地域の中に溶け込み、住民の生活を知り尽くしていました。その地域の人たちがいま何を求めているのか、どうすれば彼らが喜びを感じるのか、どんな商品がいくらでどのぐらい売れそうなのか、そんなことを肌感覚で理解している店長や店員、スタッフたちがいたのです。それに加えて、蓄積された地域のデータベースがありました。

これらを情報ソースとして活用することで、ウォルマートが売れる商品のスペックやターゲット価格、各地域の需要量を予測し、メーカーがそれをゴールに商品を開発するという役割分担が成り立つようになります。P&Gの側から見れば、新たなミクロレベルの情報を踏まえた商品企画・生産物流計画が立てられるようになり、資源を最適活用できるわけです。ウォルマートの側から見れば、メーカーの原価構造を知り、低価格と高品質とを同時に実現する道筋が開けたのです。ここに至って、ウォルマートは仕入れ・物流・小売りに加えて、商品企画という重要な機能を取り込むことになりました。これがプライベート・ブランドへの道をひらいたのです。

業界最大手にも屈しない競争力

1970年代半ばには、業界最大手のKマートが、ウォルマートに戦いを挑んできたこともありました。ファイエットビルやロジャーズなど、ウォルマートの本拠地にある4つの町に出店してきたのです。「まるで、わが家の裏庭に弾丸を撃ち込まれたようなものだった」。当時Kマートは、ディスカウントストア業界のチンギス・ハンとみなされ、中小のディスカウントストアはどこも戦々恐々としていました。当時ウォルマートの売上高は、Kマートの5％しかありませんでした。しかし、ウォルトンは「正面から立ち向かえ。競争はわが社を鍛えてくれる」と怯《ひる》むところがなかったといいます。

ウォルマートはKマートに対して応戦し、値下げ競争が展開されましたが、最後は規模の大きいKマートの方が引き下がったといいます。20倍のスケールメリットを持つKマートよりも、地方の小都市で利益をあげる体力を磨いてきたウォルマートの方に分があったということになります。これによって「ウォルマートは簡単には屈しない」という印象を与えることになりました。また、ウォルトンたちは「お客がウォルマートを見捨てなかった」と自信を深めることにつながりました。ピンチの後にチャンスありといいますが、この後、ウォルマートおよび小売業の歴史において、最も急速な成長の時期が到来することになります。

ウォルトンはディスカウントストアのウォルマートの他にも、メンバーシップ・ホールセール・クラブ（会員制の大型店で、食品や日用品を卸売価格で販売する業態。コストコがその一例）のサムズクラブを成功させています。サムズクラブは、小規模の小売業者やまとめ買いする一般消費者を対象とした、倉庫型の大型店です。会費を払えば、ネクタイや、カメラ、事務機器から、おつまみ用ソーセージやソフトドリンクまで、ナショナル・ブランド商品や高級品も卸値で買えました。

80年代初頭、ディスカウントストア・ビジネスが始まっておよそ20年たっていましたが、この間に、売価も粗利益率もどんどん下がって、効率の上昇に努めた者だけが業界で生き残っていました。そんなとき、ディスカウントストアの22％の粗利率よりさらに低い、5〜7％の粗利益率で売っている新しいタイプのビジネスが存在することにウォルトンは気づきました。「エブリデイ・ロープライス」を掲げて邁進してきたウォルトンにとって、ここでチャレンジ・スピリットに火がつきます。

ウォルトンはオクラホマシティーへ行き、そこで古い建物を借りると、その店の営業クルーとして、ウォルマートであまり評価されていない一匹狼的な連中を選び出しました。そして、1983年には最初のサムズクラブを開店したのです。ウォルトンは最初から、サムズクラブの企業文化をウォルマートのそれとは切り離しておきました。このクルーに選抜されたひとりが、ロブ・ボス氏ですが、彼はウォルマートでは役員になれる人材とはみなされていませんでした。いつも大勢に逆らっていたからだといいます。どこか『イノベーションのジレンマ』に出てくるような話です。

この事業を始めてみて、ウォルトンはその面白さと妙味に気づきました。それではここで、あなたにもその妙味について考えてもらいましょう。

●Exercise●

メンバーシップ・ホールセール・クラブ事業のサムズクラブと、ディスカウントストア事業のウォルマートの間のシナジーについて考えてみてください。

この事業は、小規模の小売業者に対して、年間25ドルで倉庫を貸すという効果がありす。しかも、彼らは大手企業が仕入れているのと同じ商品を同じ価格で入手できます。仕入れ・物流・小売りというウォルマートの持つ機能のうち、仕入れと物流機能だけを外販する形です。

こうすることによって、仕入れと物流機能においてさらにスケールメリットを享受し、コストダウンを追求できたのです。

日本企業から学んだ戦略

こうして事業を拡大し、大企業へと成長しながらも、ウォルトンは「小さく考えることは一種の生き方である」と主張し続けました。大企業になると、中央集権的チェーン企業らしく運営しろという圧力が方々からかかってきます。しかし、そうした組織には、創造性や、かつてのウォルトンのような一匹狼的商人が入る余地がなくなります。ウォルトンはウォルマートがそうなることを心配していたのです。

ウォルトンが求めたのは、顧客との触れ合いを大事にしながら、効率的で庶民感覚を持った会社をつくることでした。

ウォルトンは、ウォルマートが成長できたのは、自分たちが賢いからでも、大企業だからでもなく、顧客が支持してくれたからだと考えています。お客がそっぽを向いたら、たちまち会社は立ち行かなくなります。そこで、「1店ごとに考える」というウォルマートの考え方が重要になるのです。

たとえば、フロリダ州のパナマシティ店とパナマシティ・ビーチ店のケースを見てみよう。この二つの店は、わずか五マイルしか離れていないが、品揃えや客層は完全に異なっている。一方はビーチの観光客のための店であり、もう一方は町の住民のための店だ。……

品揃えを最適にしようとするなら、現場の商人、つまり、四季を通じて日々、お客と接触している人たちが得る情報が必要である。……そうでない場合、個々の店と接触のない本部主導の体制になり、水中銃や釣り竿《ざお》、バケツやシャベルの需要が多いパナマシティ・ビーチ店で、作業靴や作業服、猟銃が売れ残り、一方、パナマシティ店では海水浴用品が大量に埃《ほこり》をかぶる羽目になる。

また、1店ごとに考えるために、ウォルトンは現場に責任と権限を持たせることを重視しました。ウォルトンはそれを日本から学んだといいます。１９７０年代中ごろ、日本人に生産性と競争について教えたW・エドワーズ・デミングの著作などを読み、経営哲学を熱心に学びました。また、妻のヘレンと一緒に日本を旅行して実際に視察もしました。そこで、ウォルマートのチームワークを見直し、現場にもっと権限を持たせる実際的方法を考え始めたそうです。デミング→日本企業→ウォルマートという学びの系譜が見えてきます。

難しいからこそ、実行する

ウォルトンは「逆流に向かって進みなさい」と教えます。つまり困難を恐れるなということです。業界の常識と違うことをしようとすると、「それは間違っている」と言って足を引っ張る人たちが現れます。しかし、それを覚悟することが経営者には必要だと言っているのです。ウォルトンは「人口5万人以下の町でディスカウントストアをやっても難しい」と何度となく聞かされてきました。

難しいことは改めて言われなくても分かっている。しかし、経営者とは楽をするためにいるわけではない。難しいからやめるのではなく、難しいことを実行する手段を絶えず考え出すことが重要だ——ウォルトンはそう言いたかったのでしょう。ウォルトンは間違いを犯すことを決して恐れなかったといいます。実験をしてみて間違っていたと分かると、それをあっさり捨てて、すぐに軌道を修正する柔軟性と大胆さがありました。

そう考えてくると、今度は日本企業の側がウォルトンから学べることも多いように思えます。環境が変化していく中で、いつまでも「業界の常識」に頼ることは危険です。成功するためには、逆流を恐れずチャレンジし、そこから多くを学び、自ら変化し続けなければなりません。

本田も述べていたように、ともするとわれわれは知っていることに固執してしまうところがありますが、「無知の知」というウォルトンの姿勢がもたらした成功から、多くのことを学ぶことができるように感じます。

IX

リチャード・ブランソン

ヴァージン

経営者としてだけではなく、冒険家としても名をはせているブランソン氏。遺書から始まり、熱気球による大西洋・太平洋横断に挑むなど、数々の「チャレンジ」を盛り込んだ経営書。阪急コミュニケーションズから1998年刊行、2003年増補版刊行。

リチャード・ブランソン
(Richard Branson)

１９５０年、英国ロンドン郊外に生まれる。67年、ストウ校（パブリック・スクール）を中退。学生のためのオピニオン雑誌「スチューデント」を創刊。70年、20歳のときにレコード通販事業に着手し、73年にヴァージン・レコードを設立。その後、航空会社、コーラ、携帯電話に至るまで、様々な事業に進出。ヴァージングループの創設者で会長。２０００年にはナイトの称号を授与される。

この自伝は遺書から始まります。

「親愛なるホリー（娘）とサム（息子）へ……パパは人生を力いっぱい生きようという衝動にいつも駆られていた。そのおかげで過去四六年間、幸運にも何人分もの人生を生きることができた。……この冒険を強行するにあたって、私たちチームのことを気が狂っているのではないかと、多くの人が思ったこともよく知っている。でも彼らは間違っていると、私は確信していた。大西洋と太平洋という二度の（熱気球）横断飛行の経験からして、今回は安全な飛行になるだろうと感じていた。……でも明らかに私は間違っていたのだ。しかし私は、自分の人生に対して悔いることは何もない。……」

これは1997年1月7日、リチャード・ブランソン氏がモロッコから熱気球で世界一周飛行に飛び立つ際に、ポケットに忍ばせた家族への遺書です。

この後、この本では、熱気球が舞い上がって早々に数々のトラブルに見舞われ、アルジェリアの砂漠に不時着した話が続きます。

お昼ごろ、最初のファックスを受け取った。……

〈燃料タンクのコネクターが、ロックしたままになっていることに留意されたし！〉

これがわれわれの犯した最初のミスだった。……

「まあ、この程度のミスだったら仕方ないな」パルを元気づけようとした。

「一六〇〇メートルまで下降して、僕がよじのぼってロックをはずすよ」と、アレックスがいった。

……

あたりはますます暗くなってきた。鉛の重りをはずしたのでしばらくは安定していたが、気球は再度下降しはじめた。今回の下降は以前より速かった。一分のうちに七〇〇メートル落ち、また次の一分間で七〇〇メートル高度を失った。耳はふさがり、ポンといった。胃が上に上がり、横隔膜にくっつくような気がした。……とうとう燃料タンクを捨てなければならなくなった。……われわれは暗黒の中でアトラス山脈に降下し、考えてみても恐ろしい激突着陸をする運命にあった。誰もしゃべらなかった。

私はすばやく計算をした。

「この調子で下降していくと七分しかもたない」

……

パルは燃料タンクを切り離すためにレバーを引いた。もしもボルトがうまくはずれなければ一分以内に死ぬことになるだろう。タンクがはずれて落ちた。そして気球は急に降下しなくなった。

……

着陸の準備をはじめた。眼下にはアルジェリアの砂漠が広がっていた。砂漠はただでさえ厳しい場所なのに、内乱の真っ只中にある国なのだからなおさらだ。

……

アレックスと私はカプセルの上に座って、砂漠の上に夜明けが訪れるのをうっとりと眺めていた。この陽の出を見られなかったのではないかと思うと、感慨もひとしおだった。昇り行く太陽とその暖かさが、限りなく貴重なものに思えた。

……

地上攻撃用のヘリコプターのパタパタという音が聞こえてきた。……二機のヘリコプターが近くに着陸し、もうもうと土煙を巻き上げた。そして、マシンガンを抱え、どこに銃口を向けたらいいか戸惑っている兵士たちに囲まれてしまった。「アラー！」と私は元気な口調で言った。一瞬彼らは立ち尽くしたが、好奇心に駆られてこちらに近づいてきた。

こんなストーリーから始まる経営書は、他になかなかないでしょう。当然のことながら、ブランソンはよく「どうしてこんな危険なことをするのか？」と聞かれるそうです。しかし、それは彼にとって「抵抗することのできないチャレンジ」なのだといいます。

こういう経験をしていれば、100年に1度の不況といわれたリーマンショックでさえも、「そうら、おいでなすった」といった感じで対処できたのではないでしょうか。

学生たちをネットワーク化

ブランソンのビジネスマンとしてのサクセスストーリーは16歳のころに遡ります。当時英国バッキンガム州のパブリック・スクール、ストウ校で、複数の学校をカバーする学生誌「スチューデント」の創刊に着手したのです。各学校に3人の代表を置いてもらい、多くの国会議員や有名な作家に寄稿してもらう。芸能人や芸術家のインタビューを載せる。そして企業からは広告を募る。こうしたビジネスプランを、ブランソンははじめて描いたのです。

当時、多くの大学で学生が政治に関心を持ち、座り込みやデモなどが盛んに行われていました。「スチューデント・パワー」が社会的に話題になり、若いということがワクワクする時代でした。

そこでブランソンは、いまでいうソーシャル・ネットワークのように、若者同士を横につなぐことを思いついたのです。ミック・ジャガーやジョン・レノンなど、学生から神様と呼ばれる人たちにもインタビューを行いました。これがその後、ヴァージン・ミュージックにつながっていくなど、ブランソンの路線に大きな方向性を与えることになったのです。

「スチューデント」は学生たちの注目を集めはしましたが、利益をあげてはいませんでした。ドラッグやフリーラブに明け暮れる学生仲間たちとたむろしながらも、ブランソンはそこに問題意識を持ち、何とか利益をあげられる事業体にしようと考えていました。

そこで、「スチューデント」の名称を使って、旅行代理店やイベント企画会社など、学生向けの事業に多角化することを思いつきます。学生向け銀行、ナイトクラブ、ホテルチェーン、スチューデント鉄道、スチューデント航空などなど。これらはいずれも、所得のない学生向けに低価格サービスを提供しようという、顧客の視点に立脚したアイデアです。実際にはブランソンは「スチューデント」を売却する方向に傾き、新たに「ヴァージン」というブランドを立ち上げます。当時、誰もビジネスの経験者がいなかったことから、そう名づけたということです。「スチューデント」で暖められた構想は、「ヴァージン」へと引き継がれていきました。

客層の異なる2つのビジネスモデル

そのころ、ブランソンは音楽に着目します。音楽は政治的で、アナーキーで、世界を変革しようという若者の声を代弁していました。そして、ブランソンは食事に40シリング（現在では、およそ3000円）も使うことなど思いもよらない若者が、ボブ・ディランのアルバムには喜んで40シリング支払うのを注意深く見ていました。

また、政府が小売価格維持契約を廃止したにもかかわらず、どの店もディスカウント・

レコードを販売していないことを聞きつけ、「これは面白いビジネスのチャンスになるな」とひらめきを得ました。そこから、格安レコードのメール・オーダービジネス「ヴァージン・レコード」を立ち上げたのです。いまのアマゾン・ドット・コムといえるでしょう。

ブランソンの読みは当たり、ヴァージン・レコードに注文が集まりだします。また、メール・オーダーの利点として、客が先に小切手で代金を前払いし、会社はその金でレコードを仕入れるため、現金が貯まるビジネスであることにも気づきました。

ところがその後、ヴァージン・メール・オーダーは、自分たちでまったくコントロールできないもののために突如として倒産の危機に直面することになります。郵便局員のストライキです。

そこでブランソンは、資金がなくなる前に、小売店に進出すべきという結論に至りました。当時のレコード店は寡占状態で、退屈で冴えない店が多く、店員は愛嬌も音楽への興味も持ち合わせていませんでした。これはブランソンにとって大きなビジネスチャンスに見えたのです。

そこでブランソンは、エキサイティングで、客が長く滞在し、買おうと思うレコードについて店員と熱心に語り合うような店をつくろうとしました。その週の音楽雑誌が取り上げたレコードには特別の注文を入れることも考えました。そのかいあって、開店日には100メートルを超える行列ができたといいます。いまでいうアップルストアです。

それではここで問いをひとつ出しましょう。

●Exercise●

ヴァージン・レコードは、メール・オーダーとレコード・ショップの2種類のビジネスを持つことになりましたが、この先ブランソンが成長のエンジンとして位置づけたのはどちらでしょうか？

また、その理由を挙げてください。

（ヒント）2つのビジネスモデルの客層の違いを考えてみましょう。

ブランソンは、早くからこれら2つのビジネスモデルの客層には違いがあることに気づいていました。メール・オーダーは希少なレコードを探すマニアが顧客の中心で、一般の客層はレコード・ショップの方に惹きつけられました。このため、ブランソンは成長のためにはレコード・ショップをチェーン展開することが必要だと考えたのです。アマゾン・ドット・コムやネットフリックスをイメージして、メール・オーダーの方を選んだ人もいるかもしれませんが、このときは時期尚早でした。

ブランソンは毎月1店の出店計画を立て、仕入れやトレーニングの体制、経理システムなどを整備していきます。その中で、出店交渉がこのビジネスの成功要因のひとつであることに気づきました。賃料をぎりぎりまで引き下げるとともに、最初の3カ月間の家賃免除を獲得することで、その店がその後利益を稼げる立地なのかどうか、最少の初期投資で実験できたのです。

こうした試行錯誤の結果、繁華街の真ん中ではなく、人通りの激しい通りを少し外れたところに、ティーンエイジャーがたむろするスイートスポットがあることを発見したのです。

また、レコードの売上の7割は発売後2週間であがることに着目し、最新レコードの回転率を時間単位で把握し、店頭ディスプレイに反映させるチェーン・オペレーションを確立しました。

途中、ディスカウント販売に抵抗感を覚えたレコード会社から、商品の供給を止められるなどの困難にも直面しましたが、次第にレコード会社にとって無視できない存在になっていきました。

「音楽は政治的で、アナーキーで、世界を変革しようという若者の声を代弁している」という当初のコンセプトにこだわり、10代の少女がキャーキャーいうようなレコードを排除し続けたことが功を奏し、市場でのポジションを確立していったのです。その結果、音楽雑誌やレコード会社の方からコンタクトしてくるようになり、新しいレコードのプロモーションに深く関わるようになっていきました。

ヴァージン・ミュージックの立ち上げ

ブランソンはヴァージン・レコードを経営しながら、音楽産業全体の可能性を発見します。ベイ・シティ・ローラーズやカルチャー・クラブなどの新しいバンドが突然国中を席巻し、大ヒットにつながりました。音楽が有形資産と無形資産が奇妙に絡み合った、無限の成長の可能性を持つ産業であることに気づいたのです。

そこで、まずレコーディング・スタジオに進出します。当時、レコーディング・スタジオは非常に窮屈で、時間的制約もきつく、有名なバンドであっても環境には恵まれているとはいえませんでした。ブランソンは郊外にスタジオを開き、バンドが来て何週間も泊まり込み、いつでも好きなときにレコーディングできる環境を用意したのです。

ブランソンはこうした潜在的なニーズを発見するのが上手です。そして、これも後に大成功したヴァージン・ミュージックへの布石となっていくのです。

ブランソンは自分に欠けている能力を持った身近な人材を生かすことにも優れています。幼馴染のニック・パウエル氏は、ビスケットの缶から現金を出し入れしているような状態を改め、まっとうな現金管理法を導入することに貢献しました。従兄弟のサイモン・ドレイパー氏は、バンドの市場価値を目利きする重要な役割を果たしました。ドレイパーはヴァージン・レコードの成功要因である仕入れの要になるとともに、ヴァージン・ミュージックというコンテンツビジネスに進出する際の水先案内人となりました。

彼はマイク・オールドフィールドを発掘し、最初のアルバム「チューブラー・ベルズ」は1973年のベストアルバムに輝きました。その後、オールドフィールドはヴァージン・ミュージックの収益の柱になっていきます。

「チューブラー・ベルズ」が売れ始めたころ、ブランソンはひとつの選択を迫られます。

当時のヴァージンのような小さなレコード会社は、大手にライセンシング・アウト（著作権を第三者に使用させて対価を受け取ること）し、製造・物流機能に投資することなく、20％のライセンス収入を受け取る方を選ぶことが常識でした。60万枚以上売れれば、初期投資なく十分な利益があげられたからです。

ところが、ブランソンは即金で収入を得られるオファーを拒絶し、自らリスクを取って製造・物流機能を抱える選択を行います。その賭けは実を結び、「チューブラー・ベルズ」は1300万枚売り上げるアルバムとなり、ヴァージン・ミュージックは莫大な資金を手にし、一気にメジャー・ブランドに駆け上がることに成功したのです。

音楽ビジネスは一見リスクの大きいビジネスに感じられますが、あるバンドが一定の名声を確立すれば、固定客が生まれ、逆に本や映画よりも売上が読みやすくなるといいます。価値の源泉になるのは著作権です。このため、ブランソンたちは、これと見込んだバンドには、初めにどこよりも大きな金額を提示して、8枚のアルバムを制作することを約束させました。アルバムが2～3枚成功した後で、バンドを他のレコード会社に奪われることを最大のリスクと考えたのです。実際、うまくプロモートすれば、3枚目か4枚目のアルバムが最も価値あるものになる傾向があるといいます。

　また、当初からグローバル展開を考え、著作権に関しては全世界の権利を契約の中でカバーするようにしました。バンドそのものでなく、個々のメンバーの著作権を押さえることも忘れませんでした。メンバーが絶えず入れ替わったり、バンド自体が分裂したりするからです。

　こうした音楽ビジネスに固有の成功パターンを発見し、ブランソンは「チューブラー・ベルズ」が稼ぎ出したお金を、大胆に新しいバンドに投資していきました。その結果、勢いのある会社というイメージを創り上げ、多くのバンドが契約したがる会社に成り上がっていったのです。

他人の真似では成功できない

　ブランソンは様々なビジネスをゼロから立ち上げ、コングロマリットを形成していきましたが、この『カリスマ経営者の名著を読む』で紹介する他のカリスマ経営者と同様に、ビジネス固有の構造や、成功を測るためのパラメーターを的確に理解していたことが分かります。しかも、それは誰かから教わったわけではなく、ゼロからの試行錯誤を通じて自ら発見していったのです。

ブランソンはよくビジネスの成功の秘訣について尋ねられるようですが、そんなときは、「成功するためには、自分自身でやってみて、実戦で身につけなければならない。他人の真似をするだけでは、成功はまったく保証できない」と答えています。

1984年、ブランソンのもとに、突然降って湧いたような提案が持ち込まれます。「航空会社の経営に興味はないか」というものです。そこで、当時大西洋横断路線で格安運賃を提供していたピープル・エクスプレスの予約電話にかけてみると、いつも通話中でつながらないことが分かりました。ブランソンはこれをチャンスと捉えたのです。

そして、航空会社の収益構造を調べた上で、1年間やってみてうまくいかなければ飛行機のリース契約を中途解約できる条件をつけることで、実施に移せるという結論にたどり着きました。ここでも、ヴァージン・ミュージックでレコーディング契約をいくつも結ぶ中で磨かれた交渉力が役に立ちました。

その後、飛行免許を取るためのテスト飛行で、エンジンのひとつが鳥を吸い込み爆発するといったアクシデントを乗り越えながら、ヴァージン・アトランティック航空は離陸に成功します。また、このころからブランソンはモーターボートでの大西洋横断や、冒頭に挙げたような熱気球旅行にチャレンジするようになっていきました。自分自身がヴァージン・グループの広告塔になっていったのです。

しかし、航空会社は莫大な資本を必要とするビジネスで、ブランソンはこれ以降、常に金策に悩まされるようになっていきます。メインバンクのクーツ銀行は、300万ポンド以上のリスクを取りたがっていませんでした。一方で、当時ロンドン・シティの株式市場は活況を呈していました。そこで、ブランソンはヴァージン・ミュージックの上場を考えるようになっていきます。

ブランソンは、金融街の投資家に顔の利くドン・クルーイックシャンク氏というビジネスマンを社長にヘッドハントし、ヴァージン・グループの組織改革に着手します。投資家にとって魅力のある、ヴァージン・ミュージックをはじめとする音楽・小売り・映像部門をひとつにまとめて上場させ、ヴァージン・アトランティック航空やナイトクラブは非上場企業として切り分けたのです。

これによってヴァージン・グループの時価総額は2億4000万ポンドに達しました。このとき、ブランソンの頭の中には、ヴァージンの株を担保に、英国最大のレコード会社であるソーン・EMIを買収するアイデアがひらめいたといいます。

ふたたび非上場企業に戻した理由

一方、資金調達の見返りとして、ガバナンス強化の一環から、社外取締役を2名受け入れました。しかし、バンドとの契約交渉を展開する中で、月に1回の取締役会に縛られることがブランソンにとって次第に重荷になっていきます。

> 私たちが上場会社になった一九八七年は、いろいろな意味でヴァージンが最も創造的でなかった年だった。実際に自分たちの仕事をやる代わりに、四〇パーセントの時間を割いてシティにいき、ファンド・マネジャーや、フィナンシャル・アドバイザーや、シティのPR会社に自分たちの活動状況を説明しなくてはならなかった。

> 私たちが何度説明しても、シティの連中はヴァージンの仕事の内容を単純化しすぎていたということだ。私たちは収入の三〇パーセント以上がバック・カタログ（過去にレコーディングした作品）からの著作権料であり、新譜を出さなくても多くの収入が

あることとか、我が社のフランスでのビジネスは、著作権料の四〇パーセントがボーイ・ジョージとかフィル・コリンズではなく、フランスのシンガーたちのもので、それがフランスでの安定的な収入につながっている、などと説明した。それでもアナリストたちは、ヴァージンのすべてが私とボーイ・ジョージにかかっていると決めつけた。

そうした中で、ブラックマンデーが起こり、ヴァージンの株価は１６０ペンスから90ペンスまで値下がりしました。ブランソンはこのときを、ソーン・ＥＭＩ買収の最大のチャンスと考えたのです。しかし、２人の社外取締役は猛然と反対しました。それがきっかけとなり、ブランソンはヴァージンをふたたび非上場企業に戻す選択を行います。

その際、株価は70ペンスまで値下がりしていましたが、投資家が損をしないよう、上場売出し時の１４０ペンスで買い戻しています。これによってブランソンはふたたび金策に窮するようになりました。

日本企業は「200年計画」を立てる?

ブランソンは日本とも深い縁があります。

フィル・コリンズやボーイ・ジョージが日本で大成功を収め、1988年ごろにはヴァージンは日本でも有名なブランドになっていました。また、長期的観点から経営を行う日本企業は、ブランソンにとってヴァージン・グループと経営哲学を共有しているように見えたようです。

そこで、資金調達の一貫として、ヴァージン・アトランティック航空の株式の10%を西武セゾン・グループに譲渡しました。また、ヴァージン・ミュージックの株式の25%をフジサンケイグループに売却しています。マルイともジョイント・ベンチャーを立ち上げ、日本国内でレコード・ショップを展開していきました。

ブランソンの日本に関する記述が面白いので、ここで引用しておきます。

日本の投資家たちは配当が欲しくて株を買うのではない。……例外なく株価の上昇を期待している。投資の元を取るのに長期間かかるというので、日本の株価は企業の収益に比べて非常に高いのだろう。したがって、日本の株価収益率はイギリスの三倍に達することがある。ある日本の会社では、二〇〇年先の経営計画を作っているということを、以前聞いたことがある。一九八〇年代に鄧小平がいったことを思い出した。一七八九年のフランス革命の歴史的意義についてどう思うか、と聞かれた時、「それをいうのはまだ早すぎる」というのが彼の答えだった。

当時、欧米人は日本の成功を魔法のように感じていましたが、その雰囲気が伝わってきます。200年計画というのはおそらく誰かのジョークでしょうが、そこから中国4000年の歴史に連想が広がるほど、当時の日本は神がかっていたのかもしれません。

ダーティ・トリックス（汚い陰謀）

1990年になると、第一次湾岸戦争が勃発します。これは航空機燃料の値段を倍増させ、多くの航空会社の経営を圧迫しました。燃料は総経費の20％を占めます。しかも、国際線においてはキャンセルが続出し、収入も激減しました。

その中で、イラクからヨルダンに難民が流入し、水も毛布もない中で多くの人たちが困っているという話が聞こえてきました。そこでブランソンはヨルダンのフセイン国王とノア女王に連絡を取り、支援を申し出ました。ブランソンは過去にノア女王の要望で、国王夫妻を熱気球に乗せたことがあり、それ以来親交があったといいます。

ここでブランソンは毛布や食糧を届けることをノア女王に請け負います。赤十字や外務省、ユニセフなどに連絡し、毛布4万枚を調達し、ヴァージン・アトランティック航空の飛行機に積んでヨルダンに届けたのです。

このとき、英国最大の航空会社ブリティッシュ・エアウェイズ（以下ＢＡ）の会長、ロード・キング氏は、ニュースを見て「わが社がやるべきことだった」とつぶやいたといいます。

さらにサダム・フセインが多くの外国人を人質としてとった画像がテレビのニュースで報じられると、ブランソンは人質救出のために何かできないかと考えました。イラクでは医療品が不足しているという話を聞き、フセインに自ら手紙をしたため、医療品と引き換えに人質解放の意図があるかどうかを問うたのです。

　その2日後に回答があり、女性と子供と病人を解放する用意があることを確認します。そこでふたたび医療品を積んでヴァージン機を飛ばし、今度はイラクに向かいました。そして多くの人質を連れて脱出に成功したのです。

　ところが、これが先ほどのキングBA会長の怒りに火をつけることになりました。

「リチャード・ブランソンはいったい何様だと思っているんだ。外務省の一部だとでも思っているのか」

　さらに、ヴァージンが、従来営業を認められていたガトウィック空港から、ヒースロー空港に発着枠を拡大するに及んで、ロード・キングの怒りに油が注がれました。そして、後にダーティ・トリックス（汚い陰謀）と呼ばれるようになる、ヴァージン・アトランティック航空を破滅させるためのBAの組織的工作活動につながっていったのです。

　ヴァージン・アトランティック航空の信用不安の噂がまことしやかに流され、予約を入れたはずの顧客が当日姿を現さない件数が急増します。BAがヴァージン・アトランティック航空に提供している機体補修サービスは遅れ、その費用も3倍になりました。

　それに留まらず、BAの社員がヴァージンの顧客情報にアクセスし、ヴァージンの職員を名乗って顧客に電話し、ＢＡに切り替えさせるなどに及びました。また、姉妹会社のゲイ向けナイトクラブでの麻薬取り扱いに関する噂までありました。この陰謀はその後延々と続いていくことになるのですが、経営の本質からは少しずれるため、ここでは割愛します。その結末が気になる人はぜひ『ヴァージン』を読んでみてください。

経営悪化で迫られた究極の選択

一方で、湾岸戦争はヴァージン・アトランティック航空の経営を悪化させ、メインバンクのロイズ銀行から借入金の返済を迫られます。他の借り手企業がいくつか倒産していく中で、銀行も背に腹は替えられなくなっていたのです。

このため、ブランソンは虎の子のヴァージン・ミュージックを売却するか、ヴァージン・アトランティック航空を縮小・閉鎖するかの選択を迫られることになりました。さすがのブランソンも「生まれて初めて、私は何をすべきか分からなかった」と記述しています。

それではここで、もうひとつ問いを出しましょう。

●Exercise●

このときブランソンは、①ヴァージン・ミュージックを売却するか、②ヴァージン・アトランティック航空を縮小・閉鎖するか、いずれを選択したのでしょうか？
また、その理由を挙げてください。

ここでブランソンは次のように考えました。ヴァージン・ミュージックを売却すれば、自分のコントロールは及ばなくなるが、航空会社を救済でき、２つの強い会社を残すことができます。

一方、ヴァージン・アトランティック航空を縮小ないし閉鎖するということは、ひとつの強い会社を残すことはできますが、２５００人の失業者を出すことになり、ヴァージン・グループのブランドは大きく傷つくことになります。

こう考えた結果、ブランソンはヴァージン・ミュージックの売却を決断します。しかも、以前買収しようとしていたソーン・ＥＭＩへ。しかし、ここに至ってもブランソンはまだあきらめてはいませんでした。「（株式交換で得た）ソーン・ＥＭＩの株を持っていれば、それをベースに将来買収を仕掛けられるかもしれない」

ヴァージン・ミュージックの売却は本人にとって苦渋の決断でしたが、企業価値を守ることで結果的に多くの人の雇用を維持しています。後にブランソンは女王エリザベス2世からナイトの称号を授与されていますが、その理由は、熱気球による世界一周でも、イラクからの人質救出でもなく、雇用創出による英国経済への貢献でした。

このようにブランソンは、ヴァージンの企業価値を極限まで高めることを何よりも重視していました。ブランソンは既存事業を担保に調達できる限りの資金を集めると、それを新たな機会に投資し、次々と価値を生み出していきました。そして、そこで生まれた事業価値を担保にさらに資金を調達したのです。

ヴァージン・ミュージックの売却後も、それによって得た資金を投資して、ブランソンはコーラ、シネマ、保険、鉄道、フィットネスクラブ、携帯電話などに事業を拡大していきました。ソフトバンクの孫正義氏の事業スタイルに近いといえるでしょう。

「できない」と思った瞬間、可能性は消えてなくなる

ブランソンのように、資金的バックを持たずにビジネスを始めた人にとって、当然のこ

となから成功と失敗の差は紙一重です。このため、絶えずサバイバルの連続になります。ヴァージンはいくつものビジネスを成功させましたが、資金難に陥る危険はいつもあったのです。そうした中で、ブランソンは心の中を次のように語っています。

ヴァージンは常にそれ自体の生命を持っていて、私はいつもその将来を考えるようにしてきた。

われわれの変身を止めるものは何もなかった。私たちの前に広がっているのは、ヴァージン・テリトリー（処女地）だった。

熱気球による冒険と同じように、傍から見ると一見無謀なリスクを取っているように見えます。しかし、それがブランソンが他の人には到達できない世界に行くことを可能にしました。ソフトバンクの孫を見ていてもそう思うのですが、ジェット気流に乗ることで、止まっている人に比べて、はるかに多くのチャンスが見えてきます。「できない」と思った瞬間、そこから先の可能性は消えてなくなるのです。

次々と形を変えながら企業価値を生み出していくヴァージン・グループ。環境の変化に適応しながら進化していく生命体のような企業は、ブランソンの世界観と冒険心の賜物といえるでしょう。

X

カルロス・ゴーン

ルネッサンス

ゴーン氏が、ミシュラン、ルノー、日産という3つの企業と、5つの国を経験する中で培ったマネジメント手法と経営哲学を惜しげもなく公開すると共に、日産再生のストーリーを内側から描く。ダイヤモンド社から2001年刊行。

カルロス・ゴーン
(Carlos Ghosn)

１９５４年、ブラジル生まれ。エコール・ポリテクニーク（国立理工科学校）、エコール・デ・ミーヌ（国立鉱山学校）を卒業。78年、ミシュランに入社。85年、ミシュランブラジルＣＯＯ（最高執行責任者）。89年、ミシュラン北米ＣＥＯ（最高経営責任者）。96年、ルノー上級副社長。99年に日産自動車にＣＯＯとして着任、２０００年に同社社長兼ＣＯＯ。２００１年６月より社長兼ＣＥＯ。

社員を経営の中心に引き戻す

ここまで日本および海外のカリスマ経営者の名著を紹介してきました。最後は日本と海外を橋渡しした経営者として、ルノーおよび日産自動車のCEOを務めるカルロス・ゴーン氏が書いた『ルネッサンス』を紹介したいと思います。

本書のタイトルであるルネッサンスとは、14世紀から16世紀にかけてヨーロッパで起こった、文化や芸術の革新運動のことをいいます。ダンテや、ダ・ビンチ、ミケランジェロに代表されるような多くの芸術家、作家、思想家たちが、中世ヨーロッパのキリスト教社会を支配してきた抑圧的な価値観から解き放たれ、いにしえのギリシャ・ローマに存在した、人間中心のモノの見方を再発見したのです。

「なぜわれわれはこういうやり方をしているのですか」

「それは神父さんがそう言ったからです。これは神の定めなのです」

彼らはこうした古いドグマ（教義）に挑戦し、物事を批判的に分析する思考方法を身につけ、目を開いていきました。ゴーンは、日産自動車が経験したのはこうしたモノの見方の大転換であったといいます。かつての日産がしがみついていた価値観は、グローバル化の中で時代遅れになり、日産は倒産の危機に直面していました。日産リバイバルプランは、「経営の中心に社員を引き戻すことによって幕を開けた」のです。

社員は従来のビジネスのやり方の有効性を問い直し、安穏とした心地よい伝統に果敢に挑戦し始めました。それによって、一度は失った自信を取り戻し、自ら考え、判断し、リスクを取るようになっていきました。そして、熾烈な競争下にある自動車市場でビジネスを展開していく足場を再構築していったのです。ゴーンはこう言います。

日産ルネッサンスは、変革の必要性を痛感し、進んでリスクを引き受けた人々の物語である。

ゴーンには、いつも人から尋ねられる質問があるといいます。それは「ゴーンさんにはどんな秘訣があるのですか？」というものです。ゴーンは、この種の質問を浴びせられる

たびに、「途方に暮れてしまう」と言います。ゴーンほどの経営者であれば、秘訣のひとつやふたつはすぐに出てきそうな感じもしますが、途方に暮れるとはいったいどういうことなのでしょうか。ここであなたにもその理由について考えてもらいましょう。

●Exercise●

ゴーンは、優れた経営を行うための秘訣について尋ねられると、「途方に暮れてしまう」と言います。その理由について考えてみてください。

よく、「こうすれば優れた経営ができる」という魔法の杖のようなものがあることを期待する人がいます。しかし、ゴーンはそれを否定します。「マネジメントとは職人の手仕事のようなもので、秘訣などなく、実際に自ら手がけ、試行錯誤し、多くの重要な決断を下すことによって学ぶものだ」と言います。

実践こそが真理の発見につながる

多くの経営者は、「こうすればいいんだ」と頭で分かったような気分になっていて、いざ実戦になると実行できない人が多いことを憂いています。マネジメントとは学問よりは、スポーツや武道に似たところがあって、基本技を頭で理解するのはそれほど難しくはありませんが、実戦の中でそれを実行するのは容易ではありません。

スポーツや武道における試合の中では、お互いに相手の基本技を封じ合うように動きます。背筋をまっすぐにして立つのが基本であることは分かっていても、試合では双方が相手の姿勢を崩して隙をつくろうとします。このため、基本を忠実に実行すること自体が至難の業になってくるのです。結果的に試合に勝つ人は、基本技を頭で理解している人ではなく、試合の中で基本を維持することの難しさを知っている人ということになります。こうした実践的な知識を獲得するためには、経験を重ねる以外にありません。

ゴーンは、マネジメントもそれと同じだといいます。マネジメントにおける基本技とは、問題を特定する、優先順位を確立する、あらゆるレベルで双方向コミュニケーションを促進するといった基礎的なことです。しかし、こうした基本技も、経営環境が複雑になり、競争が厳しくなるほど、頭で分かっただけでは実行できないことが増えていきます。

そこで重要になるのは、実戦の中で壁にぶつかり、それを乗り越えようと努力することです。その中から、新たな真理が発見され、それが実行や成果につながったとき、はじめて自分の技として体得されるのです。この考え方は、コマツの坂根正弘氏が重視していた「知行合一」と相通じるものがあります。

ゴーンは、マネジャーには問題の核心を見抜く能力が不可欠であると言います。というのは、彼自身、それまで経営難に陥った会社を任されたときに、あらかじめ解決策が分かっていたことは一度もなかったからです。よくわれわれは問題に直面すると、頭に思いついたアイデアを箇条書きにしたり、ブレーンストーミングをして解決策をホワイトボードに書き出します。そして、そこに書かれたアイデアの中から解決策を選んで安心しようとしがちです。しかし、ゴーンはそこには解決策はないと言います。

経営難に陥った会社を救うアイデアが、すでに頭の中にあるぐらいなら、その会社は経営難には陥っていないでしょう。現場の小さな問題を解くのであれば、自分が積み上げてきたバックグラウンドの中に解があるケースもあるでしょう。しかし、経営上の大きな問題を解く際に、答えがあらかじめ頭の中にある人などいません。このため、アイデアを箇条書きにしたり、ブレーンストーミングをしたりすることは、実はあまり役に立ちません。そんなことをしても、解のないところを探し回っているだけで、時間の無駄になります。

本当の解は自分の頭の中にはないのです。社内にもないと割り切った方がいいでしょう。環境が変わっているにもかかわらず、旧来の常識に縛られモノの見方を変えられないために、問題の本質が見えなくなっているのです。ゴーンは、本質的な解を探そうとせずに、自分の頭の中にあるアイデアにしがみつこうとして、かえって問題の深みにはまるマネジャーを数多く見てきました。

「まったく驚くほかないが、問題の全体像が見えていなかったり、思い込みにとらわれていたり、伝統や慣習が障害となっていたりするために、解決策を見出せないでいるマネジャーが実に多いのである。彼らは解決策を見つけることができず、問題にかすりもしない中身のない計画作りに終始する。そうこうするうちに、問題はますます複雑で対処しにくくなり、解決に至る道もいっそう険しくなるのである」

こうした状態から脱却するために、自分に見えていない真の解をたぐり寄せにいく必要があるのです。ゴーンは、幸い「打開策を見つけられなかったことも一度もない」と言います。手っ取り早く答えらしきものをつかんで安心しようとするのではなく、「解のない問題はない」という立場に立って、じっくり腰を据えて本質的な解を探し求めることが重要なのです。そのためには、社内に留まっているのではなく、社外に足を運び、行ったことのないところに行き、会ったことのない人と会うことが求められます。

インフレ率1000％のブラジルに乗り込む

ゴーンは、大学を出てミシュランに入社してまだ7年しかたっていなかったころ、ブラジルで経営危機に陥っていた子会社の再建人として白羽の矢を立てられました。1980年代半ばのことで、当時ブラジルを襲ったハイパーインフレーションがその原因でした。当時は、レストランで注文したらすぐに精算せよと言われました。食事を終えたときには値段が上がっている可能性があったからです。

ゴーンは、「本社だけでなくミシュラン全社を見渡しても、ブラジルでミシュランが直面している状況について、私に正確に報告できる者はいなかった」と言います。営業利益が赤字であること、高金利によって債務が増大し続けていることだけは分かっていましたが、なぜ赤字になっているのかについては、誰も説明できなかったのです。

しかし、ゴーンはブラジルには何か解決策があるはずだと確信していました。その解決策を早急に見つけ出し、全力を挙げて実行に移すことができるかどうかが鍵になると考えて現地に飛んだのです。

年率1000％のハイパーインフレーションに翻弄されながら、まず手がけなければならなかったのは問題を特定する作業だったといいます。あらゆる指標が黒字が出て当然だと示唆しているにもかかわらず、ミシュランのブラジル事業は赤字に苦しんでいたのです。

かなりの時間をかけて各工場やディーラーを訪ね、現場の人々と話し、あちこち見て回る中で、現地の社員が他の部署や部門の人々と意見を交わすこともなければ、職務を超えてクロス・ファンクショナルに問題解決に取り組もうとする姿勢もなかったことが明らかになってきました。その結果として、誰一人として問題の全体像をつかめていなかったのです。そこでゴーンは、個々の部署（サイロ）の中から人々を外に引っ張り出し、クロス・ファンクショナルなチームをつくり、自分たちに見えていない解を発見する作業に当たらせました。

ゴーンは、まず事業に直接関係のない資産を売却して、借金を圧縮するところから手をつけました。よく、インフレ下では借金が目減りするのだから、お金を借りて資産を積み増した方がいいと言う人がいます。しかし、この議論が成り立つのはインフレ率が金利を上回っている時だけで、ゴーンがブラジルに赴任した時は金利はなんと１０３５％に達していました。このため、ロスや無駄に膨大な金利がかかる状態になっていたのです。

そこで、仕掛かり品や製品在庫を極力持たない経営を追求する必要がありました。また、高インフレ経済の下では、ディーラーに対して60日後の支払いという条件を認めることはできませんでした。むしろ納入前の先払いを要求しなくてはならなかったのです。

加えて、ハイパーインフレーションによって生産コストが高騰していく一方で、ブラジル政府が価格統制を行っていたため、製品価格を独断で引き上げることはできませんでした。価格については政府と良好な関係を維持しつつ、月に一度の割合で価格調整を行っていく必要があったのです。当時は価格調整が２日遅れれば息の根が止まるという切迫した状況にありました。

マネジメントの基本技は「問題を特定する」こと

ハイパーインフレの下では、1カ月が1週間に、1週間が1日に、1日が1時間にと、時間の尺度が縮まっていきます。高インフレと高金利によって、じっくり考える時間すら持てなくなっていたのです。タイムリーな原料輸入、取引条件と支払条件の見直し、製品の価格調整、工場の生産性向上、品質管理、労働組合との折衝、社員のモチベーション向上に至るまで、すべてをめまぐるしいスピードで実行に移していく必要があったのです。

さらに、こうした混乱した状況の下では、すべての人に進行中の事柄を伝えるコミュニケーションが重要になったといいます。ゴーンは四六時中工場を回り、営業、工場労働者、ディーラーなど、会社とつながりのあるあらゆる人々と言葉を交わしていきました。自社のゴム・プランテーションにも足を運び、自社の置かれた複雑な状況を数字や図表、簡単なモデルを使って説明しました。

こうした努力の結果、赴任した1985年と86年は赤字でしたが、87年になると黒字に転換し、88年にはミシュラン・ブラジルは、グループ会社の中でも最大の利益をあげるに至りました。ここで挙げられた解決策は、いずれも赴任前からゴーンの頭の中にあったものではありません。現地に赴き、自分の足で現場を確認しながらたぐり寄せた解なのです。

もちろん、ひとつひとつを見れば教科書に書いてあるような基本的なことに見えるでしょう。しかし、実戦の中でそれを実行することは容易ではありません。ハイパーインフレ下では、支払期日の繰り上げを容易に受け入れるディーラーや、賃上げを我慢する労働者はいないからです。

ゴーンは「解のない問題はない」と述べるとともに、「問題を特定する」ことがマネジメントの基本技であると言います。つまり、問題の構造を定義できれば、解は自ずから見つかるということです。例えば、企業価値を最大化するという問題を考える場合、企業価値に影響を及ぼすファクター（変数）を解明することが、問題の構造を定義することを意味します。また、ファクターには経営者がコントロールできない外生変数と、コントロール可能な内生変数があります。例えばインフレ率や金利は外生変数ですが、棚卸資産や借入金の額は内生変数です。問題解決に優れた人は、まず自分にコントロールできない外生変数を識別した上で、コントロール可能な内生変数に意識を集中します。逆に問題をうまく整理できない人は、自分にコントロールできる変数とできない変数とを混同し、コントロールできないものをコントロールしようとして時間を浪費します。これをゴーンは次のように表現しています。

ゴム・プランテーションを経営しようと決めたら、もちろんまず土地を購入しなければならない。その後、一年かけて土地を耕し、豊かな土壌を作り、翌年タネを蒔く。へベアを採取できるようになるまでには七年を要する。採取できるのは七年目から先、二五年ないし二六年目までである。この時期が過ぎると木を切り倒し、またタネから栽培しなければならない。つまり、投資期間七年、生産期間一八年から一九年で振り出しに戻る。

ゴムの木の栽培方法を学び、その栽培サイクルを観察することによって、ビジネス全般に通じるさまざまな教訓、またリスクというものについての教訓を得ることができる。ゴムの木の栽培サイクルを短縮することができないように、ビジネスの世界にもプロセスというものがあり、これを尊重しなければならない。ビジネスも、プロセスを無視して何かひとつのゴール、たとえばマーケットシェアの拡大だけをやみくもに目指せばよいという単純なものではない。

市場シェアはコントロールできない

　ゴーンが日産に来た当初、「日本で日産のシェアが伸び始めるのはいつごろか」と聞かれることが多かったといいます。しかし、ゴーンは「私には答えられるはずもなかった」と述べています。なぜなら、市場シェアを伸ばすには、顧客の認知を変える必要があり、同時に競合の打ち手を上回る必要があります。いずれも、自分でコントロールできない変数を取り扱うことになります。

　この場合、問われるべきなのは、どこに投資を集中するのか、そのための原資をどう捻出するのかといったことでしょう。これらは自分でコントロールすることが可能だからです。

　実際ゴーンは、高コスト体質を改善し、債務を削減し、製品開発やブランディングに投資し、マーケティングや営業を整備し、流通網を活性化し合理化したと述べています。優先順位に沿ってこうしたことに着手し、考えられることをすべてやり遂げた後で、ようやくマーケットシェアの成長が望めるといいます。こうした段階を踏まずに、例えば値引き販売や販売マージンの増額などでマーケットシェアの拡大だけに走っても何の意味もないということです。

二年目の若木からヘベアを採取することはできない。七年待たなければならない。それが自然のサイクルというものだ。……どうあがこうと七年たたなければゴムは採れないし、二五、六年たてば切り倒すしかないのである。

ゴーンは、基本的なマネジメント手法を実行に移す手腕を高く評価されています。それは、マネジメントの原則を口にする人は多くいますが、実際にそれを実行できる人がいかに少ないかということの表れでもあります。

こうした実行力は、自分にコントロールできる変数とできない変数を的確に識別する問題定義の力によっていることは明らかでしょう。そして、何が重要な内生変数で、何が重要な外生変数なのかは、あらかじめ決まっていることではなく、自分で現場に行って解明しなければならないということなのです。

日産が譲れなかった3つのこと

さて、日産のルネッサンスに話を戻しましょう。1998年11月、格付けの会社のムーディーズとスタンダード&プアーズは、日産の巨額債務と深まる日本の景気後退を理由に、日産の信用格付けを引き下げる検討に入りました。日産が向こう数カ月の間に他の自動車メーカーから資本支援を受けることができなければ、日産の格付けを投資適格以下に引き下げると警告したのです。

ダイムラー・クライスラー（現・ダイムラー）との交渉が決裂し、絶望の淵に追い込まれた日産は、ルノーとの提携を決断します。その際、日産側は3つの点だけは譲らなかったといいます。①日産の企業名は変えないこと、②CEOは日産側が選出すること、③会社再建は日産主導で行うこと。これを受け、当時のルノーのトップであったルイ・シュヴァイツァー氏は、ゴーンをCOOに推薦しました。「もう分かっているとは思うが、この話が進めばCOOを務められるのは君しかいない」。

ゴーンから見ると、当時の日産の社員には危機意識がなかったといいます。日産ほどの大会社が倒産するはずはない、どのみち政府や銀行が助けてくれるだろうと考えていたのです。しかし、1997年11月に山一證券が破綻すると、日産も銀行からの借金にこれ以上頼るわけにはいかなくなることが明らかになってきました。

当時の日産の苦境の原因について、多くの人が「バブル崩壊」「アジア通貨危機」「円高」などを挙げていました。しかし、ゴーンにとってこうした論調は的外れに映っていました。なぜなら、これらはいずれも日産がコントロールできない外生変数だからです。こうした論調に惑わされて、本来コントロールできるところに意識を振り向けられなくなっている状況に、本当の問題があったのです。ゴーンはそこにメスを入れようとします。

全体像の欠如が奪った競争力

日産の社員は、信頼するに足る新しい方向性を渇望していたといいます。彼らはマーケットシェアの低下も、利益の出ないオペレーションも、膨れ上がる負債も、もううんざりだと感じていました。

日産の社員は自分が属している部門内の仕事なら、求められるままにやり遂げることができました。しかし、会社全体が直面している問題の全体像を正しく捉えられていなかったのです。日産の誰もが自分たちは目標を達成していると思っているのに、会社の状態は悪化の一途をたどっていました。誰もが、自分個人の仕事は、あるいは自分の部門で取り組んでいる仕事はうまくいっており、すべての問題は他の部門にあると思い込んでいたのです。これが当時の日産の姿だったのです。

ゴーンは、彼らには絵の一部しか見えていなかったといいます。トップ・マネジメントが行った意思決定の背景や理由が知らされることはほとんどありませんでした。従業員とマネジメントとの間に双方向コミュニケーションがほとんど存在しなかったのです。そうした中で、問題の全体像を正しく認識しろといっても無理な話です。

その結果、日産には優先順位の混乱が生じていました。紙や事務用品の節約、冷暖房の使用制限など、細かな経費削減に努める一方で、総コストの60%を占める調達コストには徹底したメスが入れられていなかったのです。製品開発部門では、開発すべき製品が多数あったにもかかわらず、資金不足のために進んでいませんでした。人材も技術もあったのに、資金がネックになっていたのです。その一方で、ノンコア事業の株式持ち合いに資金が死蔵されていました。目の前の問題に必死で、長期的なプランを考えることができなくなっていたのです。

こうした優先順位の誤りにより、新車を発表することができなかったことが、国内市場での低迷の一因になっていました。新車の開発が1年でも遅れれば、市場で膨大なリスクを背負うことになります。一般に乗用車は、5～6年の期間でモデルチェンジが行われますが、マーチは発売以来すでに9年がたっていたのです。

9つのクロス・ファンクショナル・チームを立ち上げる

そこで、ゴーンはクロス・ファンクショナル・チームを設立することに解を見出したのです。コストにせよ、品質にせよ、納期にせよ、ひとつの機能やひとつの部門だけで解決できる問題はありません。部門と部門の相互作用を通じて、問題の全体像が浮かび上がり、解決のための知恵が出てくるのです。

ゴーンはCOO就任後2週間もたたない1999年7月、9つのクロス・ファンクショナル・チームを立ち上げました。取り組んだテーマは、①事業の発展、②購買、③製造・物流、④研究開発、⑤マーケティング・販売、⑥一般管理費、⑦財務コスト、⑧車種削減、

⑨組織と意思決定プロセスでした。クロス・ファンクショナル・チームに直接関わった人数は200人に上りました。そして、そこでの検討が、日産リバイバルプランへとつながっていったのです。

●Exercise●

日産リバイバルプランを、短期的成果を狙ったコスト削減だけの計画だと批判する意見がありますが、あなたの考えを述べてください。

日産の製造工場は、世界でも有数の生産性を誇っていたといいます。しかし、国内生産能力の240万台に対して、実際の生産台数は128万台と、生産能力の50％強しか稼働していませんでした。その結果、固定費が製造コストの50％に達していたのです。

しかし当時の日産は、工場全体の閉鎖に踏み切ることは避け、一部の生産ラインの停止に留めようとしていました。ゴーンは、工場の数を減らさず、生産能力削減量を各工場に均等に割り振るという考え方では、コスト競争力の弱体化から脱却できないと確信していました。そして、日産の社員に既存の延長線上の発想からの脱却を求めたのです。

問題の全体像が浮かび上がってきて、はじめて社員のモノの見方が変わりました。そして、工場の稼働率を80％まで高める決断に踏み切ることができたのです。ゴーンはこれ以外に選択肢はなかったと言います。

実際に痛みを伴うことは承知のうえです。しかし、たとえいかなる痛みを伴おうと、工場閉鎖は残った工場の生産性と費用効率の著しい向上をもたらすことになるでしょう。

効果が見えれば、苦しくても人はついてくる

また、ゴーンはルノーと購買コストのベンチマークを行い、購買コストの差が時には25％にまで達していることに気づき、その削減を最優先課題に位置づけます。サプライヤーをリストアップし、今後3年でコストをどれだけ改善できるかを1社ごとに検討していきました。購買部門とエンジニアリング部門の共同作業になりました。エンジニアの協力があってはじめて、購買担当者は既存の延長線上から脱却する決定に踏み切ることができた

のです。

　その結果、競争力のあるグローバル・サプライヤーに購買先を絞り込み、最高水準の技術、コスト、品質、納期などの恩恵にあずかることになりました。そして、最終的に2002年までに20％の購買コスト削減が可能になったのです。

　日産リバイバルプランは、従業員やサプライヤー、販社に厳しい対応を強いることになりました。しかしゴーンは、あいまいさを排除し、今後の手順と期待される効果を説明することができれば、人々は犠牲を払ってでも理解を示し、ついてくるものだと言います。日産の苦境の中で、人々が求めていたものは強力なリーダーシップだったのです。

　ゴーンは、リバイバルプランの意義は、日産を継続的に収益増が見込める軌道に戻すことにあったと言います。そのために社員のモノの見方を変え、将来への投資資金を捻出する決断をさせたことに価値があったと考えています。ところが、多くの人がリバイバルプランは短期的成果を狙ったコスト削減だけの計画だと批評しました。ゴーンはこれを大いなる勘違いだと言います。

　1兆円のコスト削減と、5000億円のノンコア資産売却に踏み切るとともに、22の新製品を投入しました。また、ブラジルや米国の工場の生産能力に投資しました。インドネシアの関連会社への出資や、スズキとの提携による軽自動車市場への参入、ルノーとの共同による燃料電池の研究開発にも踏み切っています。リバイバルプランの中では、将来の成長に影響を与える数々の決定が行われたのです。

これらは誰もが思いつくような基本的なことに見えるかもしれません。しかし、実践の中で多くの人々の反対を押し切って実行することは容易ではないのです。ましてや、日産の社員自身のモノの見方を変え、自ら決断させたことを、「コスト削減だけの計画」と斬って捨てるわけにはいかないでしょう。

冒頭にも述べたように、日産再生の根底には、人々の思考様式の変化がありました。古いしきたりや慣習にのっとった意思決定に代えて、客観的な現状認識と明確な優先順位に基づく意思決定が行われるようになったのです。

よく、人のモノの見方を変えるぐらいなら、首をすげ替えた方が早いといわれます。しかし、ゴーンはこれまで常に、引き継いだときにそこにいた人々と仕事をするよう心がけてきたと語っています。首をすげ替えるよりも人々の思考様式を変える方が、自分のやり方に適っていると言います。

工場閉鎖や系列取引の見直しといった困難を伴う数々の措置は、多くの人の思考様式を変えることによって、はじめて実行可能になったのです。日産の人々は、クロス・ファンクショナルな活動を通じて、全社的な視野から問題を再定義することによって、モノの見方を変えたのです。これが日産におけるルネッサンスなのです。

〈A〉経済・金融

1 経済指標の読み方(上) 日本経済新聞社
2 経済指標の読み方(下) 日本経済新聞社
3 貿易の知識 小峰・村田
5 外国為替の実務 三菱UFJリサーチ&コンサルティング
6 貿易為替用語辞典 東京リサーチインターナショナル
7 外国為替の知識 国際通貨研究所
8 金融用語辞典 深尾光洋
18 リースの知識 宮内義彦
19 株価の見方 日本経済新聞社
21 株式用語辞典 日本経済新聞社
22 債券取引の知識 武内浩二
24 株式公開の知識 加藤・松野
26 EUの知識 藤井良広
32 不動産用語辞典 日本不動産研究所
35 クレジットカードの知識 水上宏明
36 環境経済入門 三橋規宏
40 損害保険の知識 玉村勝彦
42 証券投資理論入門 大村・俊野
44 証券化の知識 大橋和彦
45 入門・貿易実務 椿弘次
49 通貨を読む 滝田洋一
52 石油を読む 藤和彦
56 デイトレード入門 廣重勝彦
58 中国を知る 遊川和郎
59 株に強くなる 投資指標の読み方 日経マネー
60 信託の仕組み 井上聡
61 電子マネーがわかる 岡田仁志
62 株式先物入門 廣重勝彦
64 FX取引入門 廣重・平田
65 資源を読む 柴田明夫・丸紅経済研究所
66 PPPの知識 町田裕彦
68 アメリカを知る 実哲也
69 食料を読む 鈴木・木下
70 ETF投資入門 カン・チュンド
71 レアメタル・レアアースがわかる 西脇文男
72 再生可能エネルギーがわかる 西脇文男
73 デリバティブがわかる 可児・雪上
74 金融リスクマネジメント入門 森平爽一郎
75 クレジットの基本 水上宏明
76 世界紛争地図 日本経済新聞社
77 やさしい株式投資 日本経済新聞社
78 金融入門 日本経済新聞社
79 金利を読む 滝田洋一
80 医療・介護問題を読み解く 池上直己
81 経済を見る3つの目 伊藤元重
82 国際金融の世界 佐久間浩司
83 はじめての海外個人投資 廣重勝彦

〈B〉経営

11 設備投資計画の立て方 久保田政純
18 ジャスト・イン・タイム生産の実際 平野裕之
25 在庫管理の実際 平野裕之
28 リース取引の実際 森住祐治
33 人事管理入門 今野浩一郎
38 人材育成の進め方 桐村晋次
41 目標管理の手引 金津健治
42 OJTの実際 寺澤弘忠
53 ISO9000の知識 中條武志
61 サプライチェーン経営入門 藤野直明
63 クレーム対応の実際 中森・竹内
67 会社分割の進め方 中村・山田
70 製品開発の知識 延岡健太郎
74 コンプライアンスの知識 髙巖
76 人材マネジメント入門 守島基博
77 チームマネジメント 古川久敬
80 パート・契約・派遣・請負の人材活用 佐藤博樹
82 CSR入門 岡本享二
83 成功するビジネスプラン 伊藤良二
85 はじめてのプロジェクトマネジメント 近藤哲生
86 人事考課の実際 金津健治
87 TQM品質管理入門 山田秀
88 品質管理のための統計手法 永田靖

89 品質管理のためのカイゼン入門　山田　秀
91 職務・役割主義の人事　長谷川　直紀
92 バランス・スコアカードの知識　吉川　武男
93 経営用語辞典　武藤　泰明
94 技術マネジメント入門　三澤　一文
95 メンタルヘルス入門　島　悟
96 会社合併の進め方　玉井　裕子
97 購買・調達の実際　上原　修
98 中小企業のための事業承継の進め方　松木　謙一郎
99 提案営業の進め方　松丘　啓司
100 EDIの知識　流通システム開発センター
102 公益法人の基礎知識　熊谷　則一
103 環境経営入門　足達　英一郎
104 職場のワーク・ライフ・バランス　佐藤・武石
105 企業審査入門　久保田　政純
106 ブルー・オーシャン戦略を読む　安部　義彦
107 パワーハラスメント　岡田・稲尾
108 スマートグリッドがわかる　本橋　恵一
109 BCP〈事業継続計画〉入門　緒方・石丸
110 ビッグデータ・ビジネス　鈴木　良介
111 企業戦略を考える　淺羽・須藤
112 職場のメンタルヘルス入門　難波　克行
113 組織を強くする人材活用戦略　太田　肇
114 ざっくりわかる企業経営のしくみ　遠藤　功
115 マネジャーのための人材育成スキル　大久保　幸夫
116 会社を強くする人材育成戦略　大久保　幸夫
117 女性が活躍する会社　大久保・石原
118 新卒採用の実務　岡崎　仁美
119 IRの成功戦略　佐藤　淑子
120 これだけは知っておきたい マイナンバーの実務　梅屋　真一郎
121 コーポレートガバナンス・コード　堀江　貞之
122 IoTまるわかり　三菱総合研究所

〈C〉 会計・税務

1 財務諸表の見方　日本経済新聞社
2 初級簿記の知識　山浦・大倉
4 会計学入門　桜井　久勝
12 経営分析の知識　岩本　繁
13 Q&A経営分析の実際　川口　勉
23 原価計算の知識　加登・山本
41 管理会計入門　加登　豊
48 時価・減損会計の知識　中島　康晴
49 Q&Aリースの会計・税務　井上　雅彦
50 会社経理入門　佐藤　裕一
51 企業結合会計の知識　関根　愛子
52 退職給付会計の知識　泉本　小夜子
53 会計用語辞典　片山・井上
54 内部統制の知識　町田　祥弘
56 減価償却がわかる　都・手塚
57 クイズで身につく会社の数字　田中　靖浩
58 これだけ財務諸表　小宮　一慶

〈D〉 法律・法務

2 ビジネス常識としての法律　堀・淵邊
3 部下をもつ人のための人事・労務の法律　安西　愈
4 人事の法律常識　安西　愈
6 取締役の法律知識　中島　茂
11 不動産の法律知識　鎌野　邦樹
14 独占禁止法入門　厚谷　襄児
20 リスクマネジメントの法律知識　長谷川　俊明
22 環境法入門　畠山・大塚・北村
24 株主総会の進め方　中島　茂
26 個人情報保護法の知識　岡村　久道
27 倒産法入門　田頭　章一
28 銀行の法律知識　階・渡邉
29 債権回収の進め方　池辺　吉博
30 金融商品取引法入門　黒沼　悦郎
31 会社法の仕組み　近藤　光男
31 信託法入門　道垣内　弘人
34 労働契約の実務　浅井　隆

35 不動産登記法入門 山野目章夫
36 保険法入門 竹濵修
37 契約書の見方・つくり方 淵邊善彦
38 雇用法改正 人事・労務はこう変わる 安西愈
40 労働法の基本 山川隆一
41 ビジネス法律力トレーニング 淵邊善彦
42 ベーシック会社法入門 宍戸善一
43 Q&A部下をもつ人のための労働法改正 浅井隆

〈E〉流通・マーケティング

2 流通経済入門 徳田賢二
5 物流の知識 宮下・中田
6 ロジスティクス入門 中田信哉
16 ブランド戦略の実際 小川孔輔
20 エリア・マーケティングの実際 米田清紀
23 マーチャンダイジングの知識 田島義博
28 広告入門 梶山皓
30 広告用語辞典 日経広告研究所
34 セールス・プロモーションの実際 渡辺・守口
35 マーケティング活動の進め方 木村達也
36 売場づくりの知識 鈴木哲男
39 コンビニエンスストアの知識 木下安司
40 CRMの実際 古林宏
41 マーケティング・リサーチの実際 近藤・小田
42 接客販売入門 北山節子
43 フランチャイズ・ビジネスの実際 内川昭比古
44 競合店対策の実際 鈴木哲男
46 マーケティング用語辞典 和田・日本マーケティング協会
48 小売店長の常識 木下・竹山
49 ロジスティクス用語辞典 日通総合研究所
50 サービス・マーケティング入門 山本昭二
51 顧客満足［CS］の知識 小野譲司
52 消費者行動の知識 青木幸弘
53 接客サービスのマネジメント 石原直
54 物流がわかる 角井亮一
55 最強販売員トレーニング 北山節子
56 オムニチャネル戦略 角井亮一

〈F〉経済学・経営学

3 ミクロ経済学入門 奥野正寛
4 マクロ経済学入門 中谷巌
7 財政学入門 入谷純
8 国際経済学入門 浦田秀次郎
15 経済思想 八木紀一郎
16 コーポレート・ファイナンス入門 砂川伸幸
22 経営管理 野中郁次郎
23 経営戦略 奥村昭博
28 労働経済学入門 大竹文雄
29 ベンチャー企業 松田修一
30 経営組織 金井壽宏
31 ゲーム理論入門 武藤滋夫
33 経営学入門（上） 榊原清則
34 経営学入門（下） 榊原清則
35 金融工学 木島正明
36 経営史 安部悦生
37 経済史入門 川勝平太
38 はじめての経済学（上） 伊藤元重
39 はじめての経済学（下） 伊藤元重
40 組織デザイン 沼上幹
51 マーケティング 恩蔵直人
52 リーダーシップ入門 金井壽宏
54 経済学用語辞典 佐和隆光
55 ポーターを読む 西谷洋介
56 コトラーを読む 酒井光雄
57 人口経済学 加藤久和
58 企業の経済学 淺羽茂
59 日本の経営者 日本経済新聞社
60 日本の雇用と労働法 濱口桂一郎
61 行動経済学入門 多田洋介
62 仕事に役立つ経営学 日本経済新聞社
63 身近な疑問が解ける経済学 日本経済新聞社
64 競争戦略 加藤俊彦
65 マネジメントの名著を読む 日本経済新聞社
66 はじめての企業価値評価 砂川・笠原

67 リーダーシップの名著を読む　日本経済新聞社
68 戦略・マーケティングの名著を読む　日本経済新聞社

〈G〉 情報・コンピュータ

10 英文電子メールの書き方　ジェームス・ラロン

〈H〉 実用外国語

17 はじめてのビジネス英会話　セイン・森田
18 プレゼンテーションの英語表現　セイン／スプーン
19 ミーティングの英語表現　セイン／スプーン
20 英文契約書の書き方　山本孝夫
21 英文契約書の読み方　山本孝夫
22 ネゴシエーションの英語表現　セイン／スプーン
23 チームリーダーの英語表現　デイビッド・セイン

〈I〉 ビジネス・ノウハウ

1 企画の立て方　星野匡
2 会議の進め方　高橋誠
3 報告書の書き方　安田賀計
5 ビジネス文書の書き方　安田賀計
8 ビジネスマナー入門　梅島・土舘
9 発想法入門　星野匡
10 交渉力入門　佐久間賢
14 意思決定入門　中島一
16 ビジネスパーソンのための書き方入門　野村正樹
18 ビジネスパーソンのための話し方入門　野村正樹
19 モチベーション入門　田尾雅夫
21 レポート・小論文の書き方　江川純
22 問題解決手法の知識　高橋誠
23 アンケート調査の進め方　酒井隆
26 調査・リサーチ活動の進め方　酒井隆
28 ロジカル・シンキング入門　茂木秀昭
29 ファシリテーション入門　堀公俊
30 システム・シンキング入門　西村行功
31 メンタリング入門　渡辺・平田
32 コーチング入門　本間・松瀬
33 キャリアデザイン入門[I]　大久保幸夫
34 キャリアデザイン入門[II]　大久保幸夫
35 セルフ・コーチング入門　本間・松瀬
36 五感で磨くコミュニケーション　平本相武
37 EQ入門　高山直
38 時間管理術　佐藤知一
40 ファイリング&整理術　矢次信一郎
41 ストレスマネジメント入門　島・佐藤
41 グループ・コーチング入門　本間正人
43 プレゼンに勝つ図解の技術　飯田英明
44 ワークショップ入門　堀公俊
45 考えをまとめる・伝える図解の技術　奥村隆一
46 買ってもらえる広告・販促物のつくり方　平城圭司
47 プレゼンテーションの技術　山本御稔
48 ビジネス・ディベート　茂木秀昭
49 戦略思考トレーニング　鈴木貴博
50 戦略思考トレーニング2　鈴木貴博
51 ロジカル・ライティング　清水久三子
52 クイズで学ぶコーチング　本間正人
53 戦略的交渉入門　田村・隅田
54 戦略思考トレーニング3　鈴木貴博
55 仕事で使える心理学　榎本博明
56 言いづらいことの伝え方　本間正人
57 ビジネスマンのための国語力トレーニング　出口汪
58 数学思考トレーニング　鍵本聡
59 発想法の使い方　加藤昌治
60 企画のつくり方　原尻淳一
61 仕事で恥をかかない日本語の常識　日本経済新聞出版社
62 戦略思考トレーニング 経済クイズ王　鈴木貴博
63 モチベーションの新法則　榎本博明

ベーシック版

マーケティング入門　相原修
不動産入門　日本不動産研究所
日本経済入門　岡部直明

【著者略歴】
高野研一（たかの・けんいち）
コーン・フェリー・ヘイグループ株式会社 代表取締役社長
ビジネスリーダー育成、コーポレートガバナンスなどの領域でコンサルティング活動を行う。
大手銀行でファンドマネジャーを経験した後、コンサルタントに転じ、マーサージャパン取締役等を経て現職。
神戸大学経済学部、ロンドン・スクール・オブ・エコノミクス（MSc）、シカゴ大学ビジネススクール（MBA）卒。
著書に『超ロジカル思考』（日本経済新聞出版社）『ビジネスリーダーの強化書』（日本経団連出版）『勝ちぐせで組織は強くなる』（東洋経済新報社）などがある。

日経文庫1358
カリスマ経営者の名著を読む

2016年６月15日　１版１刷

著　者　高　野　研　一
発行者　斎　藤　修　一
発行所　日本経済新聞出版社
http://www.nikkeibook.com/
東京都千代田区大手町1-3-7　郵便番号100-8066
電話（03）3270-0251（代）

装幀 next door design
組版 マーリンクレイン
印刷・製本 シナノ印刷

ISBN978-4-532-11358-2